퇴율공부법과 현대교육 비판

서명석

현재 제주대학교 교육대학 교육학과 교수

한국학중앙연구원 한국학대학원 졸업
이곳에서 동양의 교학전통인 선문답을
연구하여 철학박사를 취득했다.

주로 연구하며 실제 가르치는 분야
- 교육철학(Philosophy of Education)
- 교육과정철학(Philosophy of Curriculum)
- 동양고전학(Classical Studies of East-Asia)

요즈음 두 가지 일에 전념하고 있다.
그 하나로 전통교육을 현대적으로 재해석하여 현재화하는 것이요, 다른 하나는 동양고전을 가공하여 그 속에 들어있는 동양의 밈(meme)을 길어올리는 일이다. 이런 일의 소산으로 주역점 워크북인 『주역상담&주역치료: 길을 잃다 묻다 답을 얻다』를 펴냈다.

퇴율공부법과
현대교육 비판

서명석

책인숲

**퇴율공부법과
현대교육 비판**

초판인쇄	2017년 8월 17일
초판발행	2017년 8월 31일
지은이	서명석
디자인	디자인에이비
펴낸곳	책인숲
출판등록	142-91-51951
주소	경기도 용인시 기흥구 죽현로 8-22, 821호 (보정동 휴먼타워)
대표전화	031-276-6062
팩스	031-696-6601
전자우편	booksinforest@gmail.com

ⓒ 책인숲, 2017, Printed in Korea
ISBN   978-89-969441-8-8   93370

* 이 책 내용의 일부 또는 전부를 재사용하려면 반드시 책인숲의 동의를 얻어야 합니다.
* 잘못 만들어진 책은 구입하신 곳에서 교환해 드립니다.
* 이 도서의 국립중앙도서관 출판예정도서목록(CIP)는 서지정보유통지원시스템 홈페이지(http://seoji.nl.go.kr)와
  국가자료공동목록시스템(http://nl.go.kr/kolisnet)에서 이용하실 수 있습니다.(CIP제어번호 : 2017018988)

구순을 앞둔
李鐘妹(1929~) 어머님께
이 책을 바칩니다.

경으로 내 마음을 다스려라.

— 퇴계

자신의 기질을 잘 다스리면 누구나 성인이 될 수 있다!

— 율곡

차례

머리말
한국교육철학의 현재 좌표   15

1부 공부와 행복

1장 공부의 알맹이는 남고 껍데기는 가라   25
    1. 공부의 두 코드   27
    2. 우리 공부가 아프다   30
    3. 주체 철학을 해체하라   39
    4. 껍데기 공부를 반성하라   46

2장 아이들이 잠재성을 발현하도록 그들을 도와주라   51
    1. 엔텔레케이아란 무엇인가   53
    2. 질료가 형상을 그리워하다   55
    3. 교사도 도공이자 목수다   60
    4. 아이들을 행복하게 해주라   65

2부 몸공부의 세계

3장 율곡의 몸공부법 … 69
1. 지금 다시 공부를 성찰하라 … 71
2. 율곡의 학문 디자인 … 72
3. 다시 평가하는 몸공부 … 76
4. 남은 과제 … 80

4장 율곡의 구용법 … 83
1. 우리 아이들의 일상 … 85
2. 구용법 텍스트 … 87
3. 예학과 구용 … 89
4. 구용을 실천하라 … 93

5장 율곡의 구사법 … 101
1. 서구의 노예 살이를 중단하라 … 103
2. 구사법 텍스트 … 105
3. 구사법을 제대로 음미하자 … 107
4. 먼저 사람됨의 기본으로 돌아가자 … 110

3부 마음공부의 세계

6장 퇴계의 교육철학 … 117
1. 왜 퇴계인가 … 119
2. 현대 초중등교육과정담론 … 121
3. 퇴계심학담론 … 129
4. 물학과 심학이 함께 하는 교육 패러다임 … 135
5. 파레시아 … 142

7장 퇴계의 경공부법 ... 147

1. 경의 위상과 현재 좌표 ... 149
2. 〈천명신도〉 읽기 ... 150
3. 경과 에피메레이아의 만남과 헤어짐 ... 154
4. 소이연과 소당연의 연속과 불연속 ... 160
5. 교육에서의 사색적 전환 ... 165

4부
내면의 안정과
창의적 인간 육성

8장 아이들의 거친 심성을 정화시켜라 ... 169

1. 우리 아이들 마음이 병들다 ... 171
2. 아이들의 하루 생활 모습 ... 172
3. 심성정화법 ... 179
4. 지식과 지혜가 함께 하는 교육의 길 ... 188

9장 아이들에게 자신만의 창의성을 길러주라 ... 193

1. 왜 창의성인가 ... 195
2. 심리학적 창의성 담론 ... 198
3. 철학적 창의성의 지형도 ... 204
4. 철학적 창의성과 DI의 교육적 만남 ... 213
5. 창의성을 바라보는 근원적 관점의 확장과 교사의 역할 ... 220

◆ 부록 ... 227
  · 원문 텍스트 ... 229
  · 찾아보기 ... 232

일러두기

1. 『 』는 책이름을 「 」는 논문이름을 뜻한다.
2. < >를 작품명이나 특별히 하나로 묶을 때 사용했다.
3. 앞의 것을 풀어줄 때 [ ]를 사용했다.
4. 어떤 것을 강조하면서 하나로 연결할 때 -를 사용했다.
5. 이 책에 실린 모든 글은 기존 학회지에 실린 것으로 이 책의 성격에 맞게 일부 또는 대폭 수정한 것이다.
6. 이외 것은 기존 관례를 따랐다.

머리말

한국교육철학의 현재 좌표*

인간을 크게 도우라!

弘
益
人
間
!

---

* 이 글은 「한국교육철학 연구의 성과와 과제」, 『교육철학』, 제49집, 2013, 1-19쪽 중에서 그 일부를 가져와 수정한 것이다.

①

<예화 1> 교사가 초등생 여제자와 성관계…"우린 사랑했다" 충격.
<예화 2> "샤프심 먹어라…돈 내놔라" 동급생 등친 초등생들.

이런 예들은 우리들에게 이제 낯설지 않다. 이런 사례를 보면 우리 교육현실은 정말 막장이다. 나와 같이 교육을 업으로 살아가는 이들에게 이런 현실은 슬프지만 문제가 있는 곳에 답이 있다는 마르크스의 논급처럼 진단 너머 해결책을 내야 하는 자리 지평이다. 우리나라의 교육이념은 무엇인가? 누군가 이렇게 묻는다면 우리는 한순간의 주저함도 없이 이렇게 말할 것이다: "*홍익인간(弘益人間)*입니다."[1] 그러나 이제 홍익인간은 교육이념[2]으로서의 빛바랜 구호일 뿐이지 우리 교육현실을 끌고 가는 방향타가 아닌지 오래 되었다. 그래서 자조 섞인 이런 이야기도 시중에 떠돌고 있다. "교육에서 홍익인간은 이제 어디에도 없어요. 홍해인간(弘害人間)만이 난무할 뿐입니다." <예화 1, 2>로만 보면 정확히 '홍해인간'이다. 그래서 이런 구호를 우리가 외쳐야 할지도 모른다. "더 이상 홍해인간은 안됩니다. 그러니 제발 홍익인간 합시다." 이른바 '홍해인간 → 홍익인간'으로 말이다.

• 홍익인간
<단군조선>의 건국이념으로 구체적인 내용은 『환단고기』에 실려 있다.

---

1   홍익인간 텍스트는 이 책의 부록에 실려 있다.
2   <교육기본법> 제2조.

②

먼저 한국교육철학이 과연 있는가 물어 볼 참이다. 이런 질문을 다시 정교화하자면 한국교육철학이란 무엇인가? *한국교육철학*이란 한국의 교학전통을 중심 현상으로 잡고 교육적으로 탐구하여 철학적으로 정돈해서 체계적으로 집성하는 세계다. 방금 본대로 이런 정의 방식을 만족시키는 모든 것은 한국교육철학의 범주 안에 들어올 수 있다. 그런데 문제는 한국의 교학전통을 무엇으로 잡느냐에 있다. 듀이철학이 한국교육철학인가. 이것은 물론 아니다. 주자철학이 한국교육철학인가. 이것도 물론 아니다. 그러면 유·불·도의 철학은 한국교육철학인가. 이 대목까지 오면 우리는 순간 주저하게 된다. 원래 유·불·도의 원산지는 우리나라가 아니다. 그것들은 모두 수입품이다. 정확히 그것들의 원산지를 중국이라고 말하면 맞다. 그런데도 우리가 유·불·도를 전통이라고 보는 것은 오랜 시간 동안 조상들의 삶속에서 그들의 삶을 정신적으로 지탱하는 문화적 자산으로 그것들이 우리 조상들과 함께 해왔기 때문이다. 그런데 여기서 유·불·도를 한국교육철학의 전부라고 생각하는 것은 큰 오산이다. 만약 우리전통에서 유·불·도를 다 빼내면 무엇이 남을까. 거기에는 순수 토종의 기층문화 전통이 남게 될 것이다. 그것이야말로 진정 100% 한국산이다. 그러면 이런 것의 대표적인 것은 무엇일까. 그 대표적인 것이 언필칭 홍익인간이다.[3] 따라서 홍익인간을 연구하는 것은 가장 한국적인 교육철학을 하는 것과 별반 다르지 않다.

한국교육철학이 과연 있는가. 있다면 그 *실-체(sub-stance)*를 보

• 한국교육철학
한국인의 교학전통을 체계적으로 연구하는 분야

• 실-체
어떤 것의 밑바탕을 이루고 있는 본질적 내용

---

3 『삼국유사』「고조선」

여 달라. 이것은 매우 곤혹스런 질문이다. 그러나 너무 긴장할 필요는 없다. 한국교육철학은 분명 있다. 그런데 그것이 우리들에게 그것만의 실-체를 투명하게 보여주지 않기 때문에 항상 어려움이 존재하는 점이 문제라면 문제다. 16세기 한국 유학계를 풍미했던 퇴계와 율곡이라는 두 걸출한 인물이 있었다. 또한 그들의 구체적 족적을 추적할 수 있는 역사적 공간으로 도산서원과 자운서원도 남아 있다. 그래서 나는 그 두 곳에서 한국교육철학의 실-체를 찾으려고 방문했다. 거기서 한국교육철학의 실-체를 샅샅이 찾아보았지만 번번이 실패하고 집에 돌아올 때 나는 언제나 빈손이었다. 이런 상황을 보면 한국교육철학의 실-체는 없다고 단정할 수도 있다.

그렇다면 한국교육철학의 실-체는 어디에 존재한다는 말인가. 이에 대한 답안을 제출해보자. 한국교육철학의 실-체는 보이는 것과 보이지 않는 것 사이에 존재한다. 한국교육철학의 실-체는 순서를 바꾸어서 말하면 보이지 않는 것[無形]과 보이는 것[有形] 사이를 오가면서 존재한다. 여기서 유형과 무형을 가늠하는 기준은 *탄기빌리스(tangibilis)* 다. 라틴어인 이 '탄기빌리스'란 "어떤-것이-구체적인-실물로-우리가그것에-대한-접촉이-가능하거나-그것을-손에-넣을-수-있는" 정도의 의미를 갖고 있다.[4] 이 의미에 충실하게 따라가면 탄기빌리스는 유형의 다른 말이 된다. 이와 반대의 경우를 생각해보자. 어떤 것이 있는데 그것은 구체물이 아니어서 우리가 그것과 접촉할 수도 없고 그것이 손에 잡히지도 않는 경우가 있을 수 있다. 이런 상태가 탄기빌리스와 반대인 경우로 *인-탄기빌리스(in-tangibilis)* 인데 이것은 곧 무형이다. 이런 점을 보다 알기 쉽게 말하면, 탄기빌리스는 영어의 터처-블(touch-able)로 인-

• 탄기빌리스
유형의 세계

• 인-탄기빌리스
무형의 세계

---

4 허창덕 외, 『라틴-한글 사전』(서울: 가톨릭대학교출판부, 2009), 930쪽.

탄기빌리스는 영어의 언-터처-블(un-touch-able)로 정확하게 상응한다. 자운서원에 가면 거기서 우리는 율곡을 만난다. 도산서원에 가면 또 거기서 우리는 퇴계를 만난다. 이때 자운서원과 도산서원은 대표적인 탄기빌리스다. 그러나 거기에는 탄기빌리스만 있는 것이 아니다. 자운서원과 도산서원에는 율곡과 퇴계의 얼과 정신도 그곳에 함께 있다. 이것, 즉 그들의 얼과 정신이 이른바 인-탄기빌리스인 것이다. 아직 끝나지 않았다. 다시 물어보자. 한국교육철학의 실-체가 유형과 무형을 오가면서 존재한다고 하는데, 과연 이 말이 옳은 것인가.

부분적으로는 맞다. 그러나 보다 정곡을 찔러서 말하면 한국교육철학의 실-체는 유형과 무형을 응축시켜 놓은 텍스트 안에 존재한다. 따라서 한국교육철학의 실-체를 찾기 위해서는 해당 텍스트와 만나야 하고 그 텍스트가 말을 하도록 하는 것이 지름길이다. 율곡과 퇴계로 말하면, 그들의 대표적인 저작인『격몽요결』과『성학십도』가 말을 하게 하는 것이 한국교육철학의 실-체를 찾는 길인 셈이다. 이 저작들은 16세기 그들이 성리학의 구도 속에서 그들만의 눈으로 세상을 바라보는 문제의식과 그것을 해결하기 위한 과제상황을 각자 해당 텍스트를 통하여 우리들에게 내비치고 있는 것이다.

③

■ 귤이 탱자가 된 이야기

귤나무를 옮겨 심었더니 그 나무에서 귤은 열리지 않고 탱자가 열렸다는 '*귤화위지(橘化爲枳)*'라는 중국 고사가 있다. 이 중에서 이야기의 전후 이야기는 모두 빼고 그 핵심만을 간추리면 다음과 같다: 〈제

• 귤화위지
회수 남쪽의 귤나무를 회수 북쪽으로 옮겨 심었더니 그 나무에서 탱자가 열렸다.

가 듣기로 귤나무가 회수 남쪽에서 나면 귤이 열리지만, 회수 북쪽에 자라면 탱자가 된다 하였습니다. 잎만 한갓 서로 비슷할 뿐 그 과실의 맛은 다릅니다. 그렇게 되는 이유는 무엇이겠습니까? 물과 흙의 풍토가 다르기 때문이지요.〉[5]

오늘날 한국교육철학담론의 '소임은 무겁고 갈 길이 너무나 멀다[任重道遠].' 이것이 현실이다. 우리에게 아름다운 홍익인간의 전통이 있었다. 그런데 이것은 이름뿐이고 교육의 실제는 홍익인간의 방향으로 돌아가지 않는다. *동양심학*의 경우도 홍익인간 같이 참 딱한 처지다. 우리교육은 전통심학대로 움직이지 않는다. 이것은 우리교육의 근원적 부조리함이다. 이 두 가지가 이념과 전통으로 명목상 남아있을 뿐 그 이상 그 이하도 아니다. 그러면서 교육학계의 주류 지식인들은 미국 교육학을 끊임없이 수입하여 유포시키면서 교육의 실제를 마구 오염시키고 있다. 거기에 귤이 열리지 않고 탱자가 열리고 있다는 사실을 망각한 채 말이다. 이것은 우리 것에 대한 창조적 계승의 실패와 그에 따른 무기력증의 심화를 강화시킨다. 이제 우리들에게 수입담론은 보편이고 토착담론은 특수가 된 지 오래다. 그러면서 보편이 특수를 홀대한다. 우리의 담론 질서에서 보편과 특수 사이에 건강한 길항과 균형 잡힌 긴장이 과연 있기나 한가 말이다.

• 동양심학
동양전통에 들어있는 몸과 마음을 갈고 닦는 수양 패러다임

---

[5] 임동석 역주,『안자춘추』(서울: 동서문화사, 2009), 575쪽. 嬰聞之 橘生淮南 則爲橘 生于淮北 則爲枳 葉徒相似 其實味不同 所以然者何? 水土異也

홍익인간은 무늬만 있지 교육 실제에서는 줄기차게 미국산 <u>교수-학습</u>만으로 아이들을 거세게 몰아 부친다. 이런 활동은 본말이 전도되어 언 땅에 삽질하기가 되거나 허공에 말뚝 박기가 되기 십상이다. 그러니 오늘날 교육에서 온갖 파열음이 현행 주류 교육 패러다임에서 나오고 있는 것이다. 심학의 신세도 초라하기는 홍익인간과 마찬가지다. 교수-학습에 과연 심학 장치가 들어 있는가 물어 보자. 그 답은 아주 절망적이다. 전통의 뿌리를 경시하는 사람들에게는 미래가 없다. 수많은 역사가 이를 증거하지 않았던가. 이제 우리들에게 발상의 전환이 필요하다. 싸이의 〈강남 스타일〉처럼 홍익인간담론, 퇴계담론, 그리고 율곡담론 등을 세계화하여 수출하자. 이렇게 하기 위해서는 우리들이 먼저 한국교육철학의 위상을 더욱 드높이고 현재 우리교육을 전담하고 있는 지배담론을 극복하기 위한 자생담론을 창조적으로 만들어야 한다. 지금 당장 한국교육철학담론을 <u>아비투스(habitus)</u>-화하라. 그러면서 다음과 같은 희망가를 소리 높여 부르자! 아직도 희망은 엄연히 불씨가 되어 남아있다고 말이다.

• 교수-학습

이때 K·S·A의 내용을 가르치는 것이 교수이고, K·S·A의 내용을 배우는 것이 학습이다.

• 아비투스
습관이 굳어지도록 실천하는 것

희망에는 신의 물방울이 들어 있다

꽃들이 반짝반짝하는데
그 자리에 가을이 앉아 있다

꽃이 피어 있을 땐 보지 못했던
검붉은 씨가 눈망울처럼 맺혀 있다

희망이라고……

희망은 직진하지 않지만

희망에는 신의 물방울이 들어 있다[6]

　　우리교육계에 나는 이렇게 간언한다. 보편의 무기로 무장한 수입담론을 한국교육에 무리하게 적용하려고 하지 말라. 전통적인 자생담론을 우리 것으로 삭혀내어 그것 안에서 그것을 통하여 그것이 우리교육에게 제대로 된 활력소를 제공하도록 장치하라. 그런 역량의 강화가 지금 우리들에게 더욱 절실하다. 진정으로 홍익인간의 그날까지 말이다.

2017년 5월 6일 아침

성경재(誠敬齋)에

처거(淸居)하는 사람이

이렇게 적어둔다.

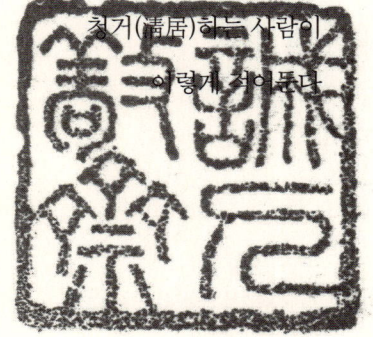

6　　김승희, 『희망이 외롭다』(파주: 문학동네, 2012), 14쪽.

1장

공부의 알맹이는 남고 껍데기는 가라*

그 어떤 권위나 전제에도 구속됨이 없이
스스로 사태 자체를 직관할 때만 참다운 인식의 획득,
즉 절대적으로 책임질 수 있는 인식이 가능하다.
―후설의 〈모든 원리 중의 원리〉 중에서

이미 우리는 돌아갈 고향이 없다.
향수가 아무리 강해도 가짜 고향을 만들어
거기로 돌아갈 수는 없는 일이다.
―이용주의 『동아시아 근대사상론』(2009: 377) 중에서

---

* 이 글은 「공부의 알맹이[實]와 껍데기[殼]: 그것의 왜곡과 굴절을 바라보기」, 『초등교육연구』 제17권 제2호, 2004, 127-144쪽에 실려 있다.

1. 공부의 두 코드

아래는 공부를 둘러싼 두 입장이다.

▨ 현재 공부 코드

공부 / 수민(초등학교 4학년)

어른들은 틈만 나면
"공부해라, 공부해."
내가 힘들여서 일등 하면
"일등 자리 뺏기면 안 되지.
공부해라, 공부해."
머리 아파 좀 쉬려 하면
"왜 그러니? 좀 쉬었다가
공부해라, 공부해."
공부하기가 싫어 장난치면
"뭐 하니? 일등 안 할 거야?
공부해라, 공부해."
난 이제 그런 공부 안 할 거야.

▨ 과거 공부 코드

마음을 올바르게 다잡는 것이야말로 학문의 근본입니다. 옛 사람들은 어린이들도 그렇게 교육시켜 생각과 행동이 법도에서 어긋나는 법이 없도록 했습니다. 그렇게 교육받은 이들은 양심을 함양하고 덕성을 존중했습니다. 그런데 요즘 사람들은 어려서부터 그런 공부는 생략한 채 곧장 사리를 탐구하려 하기에, 마음이 혼란스럽고, 행동은 법도에 어긋나며, 공부를 하는 듯 마는 듯합니다.
―율곡

이 텍스트들을 접하면 양 진영에서 공부를 바라보는 지평이 사뭇 달라지리라는 예견은 어렵지 않다. 즉 그 둘의 공부가 함유하고 있는 의미의 내포와 외연에서 서로 다른 지평에 거처하고 있음을 우리는 쉽게 간취(看取)할 수 있다. 이 지점에서 위의 두 공부가 함유하고 있는 의미소를 건져내고, 의미소들이 거중조정하고 있는 위의 두 공부 코드의 숨은 맥락을 찾아보자.

공부를 바라보는 두 코드는 현재[今]에의 함몰 그리고 과거[古]의 망각이라는 작금의 공부 모습으로 일반화할 수 있겠다. 그러나 오해의 소지는 남는다. 그것을 두고 혹자들은 말할 것이다: "이런 구도는 과도한 일반화의 오류로 빠진다. 과거에도 공부는 문제가 있었고, 오늘날 공부에도 역시 문제가 있다. 그러니 지평을 편의적으로 재단하지 말라." 이것은 일견 타당하다. 하지만 이런 구도를 견지하는 것은 다음과 같은 문제-틀(problématique)을 가지고 있기에 이렇게 틀-걸기를 하는 것이다. 물론 과거에도 공부는 문제가 있었다. 위에서 든 코드의 예시문도 율곡의 이런 심경이 배어 있다. 그 당시에도 대학입시라는 관문은 아니었어도 과거제도가 그들을 옥죄었을 것이다. 그러면 율곡의 공부에 대한 질타는 지금 우리에게도 유효하다. 이런 맥락을 입체화하여 보면, 왜 이런 구도를 갖게 되는지 어느 정도 그 의문이 해소되리라 본다.

■ 16세기 공부 모습과 20세기 공부 모습

	본래적 공부	비-본래적 공부
16세기 공부 모습	몸과 마음의 공부	과거급제와 입신양명의 공부
	율곡이 그리는 공부	율곡이 꾸짖는 공부
	위기(爲己)의 배움	위인(爲人)의 배움

• 위인지학
입신양명을 지향하는 배움

• 위기지학
자신의 인격함양을 지향하는 배움
이것은 『논어』 「헌문」에 보인다.

21세기 공부 모습	여기서 다시 보려는 공부	수민이의 공부
	몸과 마음의 질성(質性)을 담보하는 공부	도구적 또는 생존적 공부

이런 상황은 율곡 시대나 지금이나 구도에서는 놀랍게도 일치한다. 우리는 이것을 보고, 이상은 언제나 꿈을 꾸고 현실은 언제나 그 이상을 비웃는다고 말할 수 있다. 그렇다고 하더라도 본래의 공부는 칸트의 말처럼 "공허한 이념의 문제가 아니라 과제"로 여전히 우리들 앞에 던져져 있다. 그러니까 이 맥락에서 옛날[古]의 망각은 율곡이 힘주어 말하려고 하는 '본래의 전통공부'를 뜻한다. 21세기 공부의 문제는 율곡이 살아갔던 16세기 공부 문제와 본령에서 다르다. 왜냐하면 16세기 공부 패러다임은 공부를 둘러싼 본래와 비-본래의 상호 갈등이 존재하였으나 21세기 공부 패러다임은 그런 갈등 양상조차도 존재하지 않기 때문이다. 그렇다면 이런 맥락은 이렇게 정리할 수 있다: "현 공부의 패러다임은 16세기에 있었던 본래적 모습의 공부-틀을 가지고 있지 못하다. 이런 것은 우리가 다시 되찾아 놓아야 할 공부의 지평이다."

수민이의 공부는 현재를 살아가는 모든 학생들이 운명적으로 떠안고 해가는 공부의 활동이라고 볼 수 있다. 하지만 이런 공부는 내용의 수월한 습득에는 열려 있지만, **'몸과-마음의-질의-숙고와-담보'**라는 공부에 대해서는 닫혀 있다. 이런 점이 바로 두 공부가 가려는 지평의 현격한 갈라짐의 지점이다.

2. 우리 공부가 아프다

먼저, 수민이의 공부를 보자. 그 전에 공부의 역사적 유래를 알아보는 것이 순서일 것이다. 앞 텍스트를 보자. 현대에도 공부를 사용하고, 조선조 16세기를 살아간 율곡도 공부를 사용하고 있는 것을 보면, 이 용어가 적어도 몇 백년간을 살아 온 것임을 직감할 수 있을 것이다. 공부라는 용어는 정확히 말해서 10세기 이후 송대부터 이미 사용하기 시작하였다고 보는 것이 옳다. 그 이전의 동양 전적에는 이 용어의 출현이 없다가 송대 유가 경전이나 불교 경전에 공부(工夫)와 공부(功夫)라는 용어가 구체적으로 드러나기 시작한다. 물론 이 두 표기법은 상호 호환된다. 그렇다고 보면, 이 용어는 적어도 천년 이상을 버티어 온 동양 전통이 스며있는 것임에 틀림없다. 곧 공부는 천년 이상을 살아온 찬란한 동양 문명의 보고다. 그러나 현재 사용하는 공부와 중세기에 쓰였던 공부는 서로 다르다.

공부의 용법이 같다고 하여, 나이브함(naïveté)의 포장으로는 공부 본래의 내질과 외피를 확연하게 바라볼 수 없다. 원래 우리 문화는 외래문화에 대하여 유연한 개방성을 보인다. 그래서 혹자는 우리 문화에게 보자기 또는 비빔밥 문화라는 호칭을 선사하였다. 그러나 이것을 뒤집어서 보면, 우리 문화는 자주적 문화력이 부족하여 우리에게 없던 것이 들어오면 기존의 유사한 것으로 그것을 새롭게 흡수하는 습속을 강하게 가지고 있는 점을 드러낸다. 여기까지 생각해 들어오면, 이것이 우리 민족이 갖고 있는 최대의 장점이며 또한 최대의 약점임을 알 수 있다. 그 대표적 케이스로 공부를 보면 얼추 맞다.

이를 토대로 조금 더 생각을 전진시켜 본다면, 우리가 지금 살고 있는 문명권에 대한 성찰을 해야 할 터이다. 그래야만 현 공부가 내장하

- 패러다임
어느 한 시대를 구획하는 세계관이나 사고체계

- 모더니즘
이성-중심주의와 같이 어떤 것의 절대성과 보편성을 강조하는 사조

- 포스트모더니즘
각종 중심주의를 거부하며 차이와 다원을 강조하는 사조

- 근대 패러다임
서구에서 데카르트 이후 17, 18, 19, 20세기를 이끌었던 이성-중심주의

고 있는 공부의 지형학을 고통 없이 답사할 수 있을 것이다.

우리가 살고 있는 현 문명권을 근대권 아니면 후-근대권이라 읽으면 된다. 그럴 때 권이라는 개념의 외연은 의미의 영역을 획정하는 *패러다임*이거나 세계에 대한 바라봄의 시각권이라는 뜻을 중첩해서 머금고 있다. 따라서, '권≒패러다임≒시각권'으로 호환된다. 이때 시각권은 단순한 시간적 흐름을 넘어 우리를 개념의 외연망으로 안내하는 지시체의 기능을 수행한다. 이렇게 보면, 근대권은 근대의 문명권이고, 후-근대권은 근대 이후의 문명 패러다임이라는 점을 일러준다. 이것들을 두고서 우리는 *모더니즘* 그리고 *포스트모더니즘*이라 칭한다. 그러면 근대권은 모더니즘이고, 후-근대권은 포스트모더니즘이 되리라.

이렇게 놓고 보았을 때, 수민이는 어느 시대의 사람인가라고 물을 수 있다. 율곡과 동시대인이 아님은 분명함에도 말이다. 율곡은 누구인가, 조선 중기의 인물이다. 이렇게 두 사람은 다르다. 그러니까 율곡은 전근대인이고, 수민이는 현대인이다. 이런 간단함 속에는 상반되는 두 패러다임이 이 맥락 속에 숨어 있다. 그러면 이 두 사람을 감싸고 있는 패러다임도 다를 수 있을 것이다. 더욱 확연하게 말하면, 수민이는 율곡과는 다른 *근대 패러다임* 속에 거처하고 있는 존재이면서 그가 벌이는 공부는 근대라고 하는 거대 패러다임 안에서 설계된 것을 공부하고 있는 셈이다. 수민이는 지금 무슨 공부를 하고 있는가. 이런 질문을 던져보면 답은 쉽게 얻어진다. 그는 학교에 다니고 있다. 연령으로 보아서 초등학교에 다닌다. 그러면 수민이는 학교에서 배우는 것을 지금 공부하고 있는 것이다. 이때 학교에서 배우는 것은 근대 패러다임의 구도 안에서 설계된 것이다. 여기서 수민이가 공부하는 것은 학교에서 배울 내용으로 제공하고 있는 '무엇'이다. 이 '무엇'을 다른 말로 바꾸면 '무엇'이 '교과'인 셈이다. 그 교과가 근대적 편제의 산물이고 근대의 세계관을 반영하여 내용체로 응축시켜 놓은 교육내용으로 보면 맞다. 그렇다

면 수민이의 공부를 교과공부라고 해도 좋다. 즉, '수민이의 공부=교과공부'인 것과 같이 말이다. 여기서 시대도 다르고 세계관도 차이가 나기 때문에 율곡이 보는 공부와 수민이의 공부는 다를 수 있다는 추론을 쉽게 이끌어낼 수 있다.[1] 수민이가 초등학교 4학년 아동이니까 아마도 그에게는 9개 과목이 부과될 것이다.[2] 그가 학습하는 것들이 바로 공부다. 수민이와 같은 또래의 아이들은 학교에서 그 교과목들을 배우고 그것도 모자라 학원에서 또 배운다. 이런 교과공부를 근대 패러다임 안에서는 학습이라 칭한다. 그러면 수민이의 일은 곧 교과를 학습하는 일일 것이고, 그 일을 가지고 수민이는 공부라 하는 것이다. 앞에서 "공부해라, 공부해"라고 성화를 부리는 부모님의 강제도 교과의 학습을 쉬지 말고 열심히 하라는 명령이자 권유인 것이다. 이렇게 보았을 때, 수민이는 교과 학습의 노동자로 전락되어 있고, 수민이는 근대라는 거대 패러다임이 직조해낸 근대공부의 희생양이다. 이렇게 보면, 수민이는 교과공부의 노예-살이를 하고 있다 해도 그다지 틀린 말은 아니다.

---

1 조선조 16세기를 관통하는 율곡 시대에도 공부는 있었고, 그 당시에도 과거급제와 입신양명을 위한 공부가 성행했다. 그러나 여기서 말하려는 공부는 진정한 의미에서의 공부를 말하려는 것이지 저렇게 본래성에서 이탈한 왜곡된 공부는 논의의 대상에서 벗어나 있음을 우리는 각별히 유의해야 한다.
2 초등학교 4학년의 법정과목은 국어, 도덕, 사회, 수학, 과학, 체육, 음악, 미술, 외국어(영어)등이다. 5, 6학년인 경우에는 여기에다 실과가 더 부과된다(〈초중등교육법시행령〉 제43조, 2003). 이 모든 것을 아이들이 배우는 것을 '교과학(study-of-subjects)'이라 불러 놓자. 현대교육에서 교과학의 발흥은 서구 교과학의 세계화와 그것에 대한 우리들의 교조적 믿음이라는 정신적 식민화의 길로 연결되며, 전통공부의 문화적 오염이라는 시간성을 교과학은 우리들에게 선사하였다. 따라서 이런 교과 편제는 서양(미국) 교과학의 아류이거나 잡종에 불과하다. 실제 미국과 한국의 교과 시스템은 동일한 패러다임의 산물이다.

엄밀하게 말하자면, 교과 학습은 공부가 아니다. 근대 패러다임에서 말하는 **<어떤-배울-내용에-대한-습득>**을 가지고 공부라고 말하는 것은 너무 지나치다. 왜냐하면, 공부의 본래성에 비추어 보았을 때 그런 것은 본연의 공부가 아니기 때문이다. 왜 이런 역사적 질곡성이 공부에 남아있을까. 그것은 우리 민족의 외래문화에 대한 부드러운 관용성에서 기래하지만, 보다 분명한 것은 전근대성과 근대성간의 화해할 수 없는 공부를 둘러싼 불협화음이 남아 있기 때문이다.

율곡이 살다간 시대는 조선 중기이다. 이 시대를 관통하던 패러다임은 성리학이다. 물론 노장(老莊)과 불가(佛家)도 있었다. 그렇지만 이들은 주류 세력에서 벗어나 있다. 주류는 어디까지나 성리학이다. 성리의 경전을 읽으면서 심신을 가다듬고, 그것이 세상을 다스리는 사람의 학(學)이니 경세(經世)도 또한 살폈다. 율곡도 그러하였으리라. 그렇지만 성리학자가 모두 성리 경전에 빠져 있었던 것은 아니었다. 낮에는 공맹의 전적을 담론의 광장에서 타자와 읊었다 하더라도 밤이 되면 골방에 틀어박혀 조용히 이단의 서적을 즐겼을 것이다. 그래서 그들은 낮에는 유자이지만 밤에는 노장불자였다. 그래서 조선조의 선학들을 성리학자만으로 재단하는 것은 위험성이 있다.

왜 이런 말을 하냐면, 유·불·도가 동양 문명권의 통합적 세계관이며, 이 속에서 입장은 달랐다 하더라도 근대 문명권과는 다른 패러다임이 그 속에 이미 들어 있다는 점을 강조하기 위해서이다. 그러니 일격에 유·불·도를 세 부분으로 잘라내기는 아주 어렵다. 앞에서 나는 외래문화에 대한 우리 민족의 흡수방식을 거론했다. 그런데 이러한 유연한 개방은 한편으론 전통과의 단절을 초래했다. 우리가 개화하면서 받아들인 교육에서의 패러다임은 반-전통적인 것이었다. 즉 전통의 절맥이었다. 이것은 전통이 우리 시대의 근대성과 필연적으로 갈라서는 길로의 들어섬이다. 그러니 이들 간에 불협화음이 항상 있다. 그리고 개화 이후 한국의 근대화를 주도한 세력들은 성리학을 전근대성의 총화이자 봉건성의 근원으로 격하시킨다. 이 맥락에서 서구화란 전근대성의 척결이며 동시에 봉건성의 타파였다. 율곡이 살던 시대는 중세성이다. 그런데 이 중세성을 바라보는 시선은 두 가지로 변주하는데, 하나는 차가움이요 다른 하나는 따뜻함이다. 차가움의 계열에 서 있는 자들은 그 중세성을 전근대성 내지 봉건성으로 끌어내린다. 하지만 그 중세성을 따뜻함으로 감싸는 이들은 전통성으로 바라본다. 그러니 중세성은 약이면서 독이고 독이면서 약인 양가적인 파르마콘(pharmakon)이다.

◾ 중세성의 파르마콘
- 약성 – 전통성
- 독성 – 전근대성이자 봉건성

지금부터 500년 전인 율곡의 시대는 성리학의 시대였다. 그 당시의 동시대인들은 본래적인 위기(爲己)의 공부와 비-본래적인 위인(爲人)의 공부를 함께 행했다. 비록 그것들이 강도에서는 각자 다르다하더라도 말이다. 그러나 지금은 성리학적 패러다임의 시대가 아니다. 바로 근대 문명권의 시대이다. 이 문명권 속에서 우리가 살아간다. 그러하기에 이 문명권이 영위하는 방식대로 살아간다.

교육도 마찬가지이다. 따라서 지금 공부는 근대 문명권속의 공부이며, 이 문명권은 태생적으로 위기(爲己)의 배움을 그 문명권의 설계도에서 삭제했다. 따라서 현 문명권에는 위기(爲己)라는 전통공부의 패러다임이 근원적으로 들어있지 않다. 이 지점이 전통과 근대가 불협화음하는 지점이다. 이렇게 놓아야 현재 공부가 과거 공부와는 다른 문제가 있다는 점을 알아차린다. 그러나 혹자는 이렇게도 반문할 것이다: "현 문명권이 구동하는 교육 체제 속에 들어가 보면, 여기에도 율곡의 생각이 들어있는데 이것은 그럼 도대체 무엇이냐?" 일견 타당하다. 그러나 일견 타당하지 않다. 왜 그러냐 하면, 가령 율곡의 생각이 들어있다 해도 그것은 그와 관련된 파편적인 지식과 정보 형태의—이를테면, 그는 공부의 방법으로 성(誠)을 강조했다—것인데 애석하게도 그의 역동적인 공부 패러다임이 그 속에는 구체적으로 드러나지 않기 때문이다. 율곡이 그리려고 했던 성리학의 거대 질서 속에서 성(誠)의 위치가 확인되고 이것을 일상적 삶에서 어떻게 자체 구동시킬 것이냐 하는 것에 현 문명권은 언제나 침묵한다. 성리학에 관련된 몇몇 학자들의 지식을 외워서 알고 있는 것과 그들이 그 구도 속에서 그렸던 공부세계를 알고 실천하는 것과는 언제나 산술적인 시간만큼이나 격절하다. 현 공부 문제를 다시 요약하면, 위기(爲己)의 배움, 그것은 현 공부 패러다임에서 완전히 증발되어 있다. 이것이 **바로-문제**다.

*해석학(Hermeneutik)*이란 원래 메시지의 전달에서 유래한다. 그리스어의 헤르메스('Ερμης · Hermēs)가 전달자에서 유래하는 것만으로도 분명하다. 해석학이란 것도 잘 보면 어떤 의미망을 어떻게 포장하여 우리들에게 전달해 주고 있는가를 취급하는 세계로 보면 된다. 그래서 공부의 해석학이란 공부가 담지하는 의미의 세계를 어떻게 우리들에게 전달하고 있는가를 일차적인 탐구의 대상으로 삼는 것은 당연하다. 따라서 공부의 해석학이란 공부가 전하려고 하는 의미의 네트워크를 파헤치고 이것들이 동시대의 우리들에게 어떤 메시지를 함유하고 있는가를 밝히는 것이다.

우리는 수민이의 공부를 학습으로 포착할 수 있다. 그런데 이 학습은 서양에서 발원하는 교육심리학의 한 하부 영역인 학습심리의 핵심 용어이다. 그러니 이와 관련된 서적을 펼쳐보면, 거의 이런 학습을

• 해석학
텍스트에 대하여 인간이 행하는 이해와 해석 활동의 이론과 방법을 다루는 분야

두고 미세한 논의의 가닥들이 어지럽게 착종되어 있다. 이런 문헌이 어떻게 학습을 정돈하고 있는지 보자. "…learning is what students take from classrooms in the three classes of outcomes: ***knowledge***(facts, concepts, generalizations), techniques(processes, ***skills,*** abilities), and values(norms, ***attitudes***, interests, appreciations, aversions)."[3] 이 인용문을 우리말로 번역할 필요도 없이 서양 교육학에서 학습으로 포착하고 있는 지형학이 비교적 삼박하게 적시된다. 그것은 '**지식·기능·태도(K·S·A)**'이다.[4] 이것들을 영역별로 묶어놓은 것들이 교과목이다. 부정할 가능성이 있는 이들을 위하여 여기에다 미국의 교과 시스템을 참고로 예시한다.

〈표 1·1〉 초등 교육과정[5]

교과목	내 용
국어 (Language Arts)	• 매일 1시간 반 할당 • 읽기, 쓰기, 작문, 말하기와 듣기, 언어구조와 용법, 문학
사회 (Social Studies)	• 1~2학년: 사회(Society) • 3~4학년: 지리와 인류학 • 5학년: 미국역사와 지리 • 6학년: 세계역사와 지리 　*경제와 정치가 사회과목에 있어서 중요성 증대

3　Evelyn J. Sowell, *Curriculum: An Integrative Introduction*(2nd ed.)(Upper Saddle River: Merrill Prentice Hall, 2000), p. 4.
4　이때 K·S·A는 현대교육의 거대 담론을 구성하는 핵심 내용으로 K는 지식, S는 기능, 그리고 A는 태도의 머리글자이다.

수학 (Arithmetic)	• 다른 어떤 과목 보다 표준화 • 2차 대전 후 개발된 신수학(New Math) – 개념과 과정을 중시 – 하여 가르침 • 교수법에 있어서 IPI 기법 도입
과학 (Science)	• 기초교육 과정에서 과학과목은 별로 중시되지 않았으나 국립과학원 설립(1950), 국가방어교육법 제정(1965), 초·중등교육법 제정 후 과학교육 방법이 변화 • 과학교육 방법 변화에는 기초과학 연구(ESS), 과학교육과정 개선연구(SCIS), 초등학교 과학계획(ESSP) 등 각종 프로젝트들이 일조를 함
미술 (Art)	• 통합교과로서 모든 교사가 가르치거나 전문교사가 가르침 • 그림 그리기, 제도, 만들기, 건축, 공예, 짜기, 판화, 자르기와 찢기 등을 포함
음악 (Music)	• 전문교사가 지도 • 듣기, 노래 부르기, 악기 연주, 악보 읽기, 작곡, 리듬
체육	• 보건, 안전 및 체육을 통하여 한 교과로 취급 • 전문교사가 지도 • 체조, 운동경기, 미용체조, 무용, 마약교육, 성교육과 교통교육 포함
외국어	• 연방정부의 지원으로 FLES, FLP등 외국어 프로그램을 3학년부터 6학년까지 실시 • 주요 외국어: 스페인어, 불어, 독어, 노어, 이태리어, 라틴어

※ 교실 사정에 따라 담당교사 변경 가능

5 교육인적자원부 공보관실(편), 『교육마당21』(교육인적자원부, 2003), 11월호, 71쪽.
  이 분야에 대한 최신 구체적인 정보는 <국가교육과정 정보센터(www.ncic.go.kr)>를 접속하여 알아 볼 수 있다. 이곳에 가면 교육과정 분야의 상세한 정보와 각종 자료의 열람이 가능하다. 여기에 우리나라와 각국 교육과정 문서가 다수 탑재되어 있다. <u>미국 초등교육과정과 한국 초등교육과정 사이의 큰 차이점은 미국에는 <실과>와 <도덕> 과목이 없고 한국에는 그것들이 있다는 것이다.</u> 그러나 여기서 한국과 미국이 교과목의 명칭은 다르더라도 교과목으로 가르치고자 하는 내용이 K·S·A이라는 점에서 한국과 미국은 같다. 즉 한국과 미국의 교과목 시스템은 동일한 패러다임 하에 설계된 것이다.

저런 것들을 교과 편제 속에서 학습한다는 것은 무엇을 말할까. 이렇게 질문이 이어지면, 서양인들은 아마도 '- to study'라고 답할 것이다. 정확히 말해서 'studying about - '이라고 말해야 한다.[6] 원래 'to study'는 라틴어의 'studeō'에서 갈라져 나왔다. 이때 'studeō'란 "어떤 구체적 대상(물)[이 갖고 있는 내용에] 대한 획득을 위하여 자기 자신을 헌신하는 활동"이다.[7] 여기서 우리는 구체적 대상물을 주목해야 하리라. 구체적 대상물을 'ob-ject'라 하면, 이 오브제의 의미같이 '대면하고 있는 방향을 향하여(ob)' 나아가는 활동(ject)'이 저 'studeō'의 뜻을 풍성하게 열어 준다. 그 구체적 대상물이 교과이고, 그 교과에 달려 나가서 그것이 품의하고 있는 바를 밝혀내는 활동이 'study'다.

그러나 이러한 해석은 언제나 스터디를 둘러싼 부조적 접근이라는 비판을 모면하기 어려운 점이 잠복되어 있다. 즉, "이 말은 너무 피상적으로 어원의 추적을 통하여 그 의미를 잡아내려고 하고 있는데…"라고 질타할 수 있으리라. 그러면 환조적으로 들어가는 길은 없는가. 그 길은 근대 문명권의 해체를 통한 것이다. 이를테면, 근대 형이상학의 해체와 같은 길이다. 왜냐하면 이 근대 형이상학이 근대 문명권을 통제하는 세력의 중심부이기 때문이다.

---

6   이런 맥락을 증거하는 용법이 있다. 일상생활에서 누구나가 말하는 〈공부〉라는 용어는 ○○에 대한 〈스터딩〉이다. 위에서 수민이의 부모님이 그에게 성화를 부리시는 것도 〈교과에 대한 스터딩〉을 벗어나지 않는다. 이것을 지금 우리들이 공부로 포착한다. 그래서 〈공부=스터딩〉이라는 정식이 성립된다. 이 교과 학습으로서의 공부가 율곡이 그리려는 공부는 분명 아니다.
7   *Oxford Latin Dictionary*, 1982, p. 1830.

3. 주체 철학을 해체하라

• 주체 철학
이성-중심주의라는 거대
담론을 말함

근대 형이상학을 다른 말로 *주체 철학(philosophy of subject)*이라 부른다. 왜 주체철학일까? 그 전에 다음과 같은 논급을 미리 둘러보고 이 세계로 들어가 보자. "지식은 근거 짓기(定礎·Begründung)에서 비롯된다. 모든 이론은 고유한 근거 짓기의 방법을 보여주며, 가능한 한 지식을 최종적으로 근거지으려(Letztberündung) 한다. 확실성을 획득하려고 하는 것은 인간의 근본적인 지식이며, 이 확실성을 모든 지평에서 최종적으로 획득하려고 하는 것은 지식 의욕의 자연스러운 진행이다."[8] 이것을 읽어도 선명하게 들어오지 않을 수 있다. 그러면 다음과 같은 하이데거의 관견을 통독하면 근대 문명권이 구축하는 철학의 밑그림이 그려질 것이다.

• 형이상학
철학의 다른 이름

• 존재자
구체적인 물로 존재하는 것

*형이상학*은 *존재자*를 존재자로서 즉 그것의 보편적인 성격에 있어서 사유한다. 형이상학은 존재자를 존재자로서 즉 전체에 있어서 사유한다. 형이상학은 존재자의 존재를 가장 일반적인 것(das Allgemeinste, 보편적인 것)의—즉 어디에서나 모든 존재자에게 동등하게—타당한 것das Gleich-gültige의—근거를 캐내는 동일성에 있어서 사유할 뿐만 아니라, 총체Allheit를—즉 모든 것 위에 존재하는 최고의 존재자das Höchste를—정초하는 통일성에 있어서 사유한다. 그리하여 존재자의 존재는 [무엇보다 먼저] 근거는 근거로서 사유된다

---

8 최신한, 『독백의 철학에서 대화의 철학으로』(서울: 문예출판사, 2001), 73쪽.

vorausdenken. 따라서 모든 형이상학은 근본적으로 철두철미 근거에 관하여 설명하고 근거를 알려주면서 근거의 해명을 추궁하는 근거지움Gründen이다. …〈론〉은 각 학문에 있어서 학문들의 대상들이 그것들의 근거에 입각하여 표상되는—즉 개념파악 되는—근거지움(정초함)의 연관 전체이다. …그것들은 존재자의 근거인 존재에 관하여 설명한다. 그것들은 로고스를 해명하면서 본질적인 의미에서 로고스를 따르고 있기에 곧 [로고스를 논하는] 로고스의 논Losik des Λóγος이다. 그러므로 그것들을 좀더 정확히 말하자면 존재-론 Onto-Losik이며 신-론Theo-Losik이다. 형이상학은 보다 사태에 맞게 그리고 보다 명확하게 사유될 경우에, 그것은 존재-신-론Onto-Theo-Losik으로서 드러난다.[9]

이런 언급이 도대체 무엇을 뜻하는 것일까? 이를 결착시키지 않고서는 논의를 한 발짝도 앞으로 옮겨놓을 수 없다. 왜냐하면 이 형이상학의 문제가 근대를 푸는 마법의 열쇠이기 때문이다.

위에서 나는 근대 문명권이 포섭하는 학습을 지식·기능·태도로 묶어서 제시하였다. 그런데 이것들의 대표값을 지식으로 두자. 왜냐하면 지식을 흡수하는 방식이나 기능과 가치를 받아들이는 방식이 동일하게 이루어지기 때문이다. 즉 수학식으로 〈·'지식값{⊃(기능값∪가치값)}'〉이 된다. 그런데 앞에서 지식은 근거 짓기에서 비롯된다고 하였다. 이 말이 무슨 뜻인가. 그러면 이 속에서는 근거 짓는 주체가 있을 것이고, 또 근거 짓는 내용이 있어야 이 말이 성립한다. 근거 짓는 주체는

---

9 마르틴 하이데거/신상희 옮김, 『동일성과 차이』(서울: 민음사, 2000), 50-51쪽.

누구인가. 그것은 바로 나(subject)다. 이런 내가 있음으로 근거 짓는 활동이 가능하다. 이 근거 짓기를 근대 패러다임의 원조인 데카르트는 코기토 에르고 숨(cogito ergo sum)으로 정식화하였다.[10] 따라서 여기서의 주체는 코기토의 주체와 같으며 이것이 'sub-ject'이다. 이것은 '서브'와 '젝트'의 합성어이다. 원래 'sub'는 '밑에, 아래에'라는 의미를 운반하는 접두어로 읽으면 큰 무리가 없다. 그리고 'ject'는 '어느 곳을 향하여 진행시켜 나간다'라는 의미를 역시 운반해준다. 이것들이 '서브제'가 갖고 있는 대략의 뜻일 것이다. 이것만으로는 부족하다. 이것을 더 가공시켜야 본의를 확실하게 파악할 수 있다. 이 'sub-ject'를 다시 보자. 여기서 'sub'는 "아주 가까운 곳으로", "내 가까이에", 아니면 "내 발 밑으로"라는 뜻으로 새겨도 무방하다. 그리고 '-ject'는 지금 부사적으로 푼 것들이 "이루어지는 활동을 능동적으로 해내는 것"이다. 그러면 '서브-젝트'를 묶어서 말하면, "어떤 대상물이 있을 때 그 대상물을 내 아주 가까이에 가져다 놓은 것"이라는 의미가 저 '서브-젝트'에는 이미 함장하고 있는 셈이다.[11]

그 가운데 근거 짓기를 잘 음미해야 한다. 즉, 이 *근거 짓기(定礎·Begründung)*가 핵심인데 이것을 의미 단위로 뜯어보자. 독일어의 전철인 'be-'는 "공간적 및 시간적 근접, 포괄·소유, 완전한 작용·성취" 따위를 운반한다. 그리고 'Grund'는 기반과 토대를 말하며, '-ung'은 "그러한 활동을 응축하는 명사형 어미"이다. 이것이 '베-그룬-둥'의 뜻이다. 그래

• 근거 짓기
나라는 주체(subject)가 근거로서의 탐구대상물(subject)에 들어있는 K·S·A를 섭취하는 활동

---

10 〈나는 생각한다. 그러므로 나는 존재한다.〉 이것은 근대가 이성-중심주의를 기반으로 하겠다는 일종의 신호탄이다.
11 조광제, 『주름진 작은 몸들로 된 몸: 몸 철학의 원리와 전개』(서울: 철학과현실사, 2003), 281쪽. "주체는 중세 철학의 라틴어 용법에서 보면 'subjectum'입니다. 이 '수비엑툼'은 '아래에서 자신을 끌어당기는 것' 또는 '밑에 깔려 있는 것'을 의미합니다."

도 선명하지 않다. 다시 풀어서 말하자. 어떤 것에 "근거가 자명하게 들어 있고(Grund)", 그 근거를 "공간적, 시간적으로 내 앞에다 가져다 놓고(Be)", "그것을 내가 섭취해 내는 활동(ung)"이 바로 '베-그룬-둥'이다.[12] 그러면 근거 짓기에 대한 의문이 어느 정도 해소되었다고 볼 수 있겠다. 그래도 의문은 이어진다. '베-그룬-둥'을 행하는 행위의 주체는 누구인가 말이다. 그것은 물론 근대의 주체인 '서브-젝트'이다. 이 '서브-젝트'가 근거 짓기를 행한다. 이것이 다름 아닌 이성적 주체이며 데카르트가 말하려는 코기토의 주체인 것이다.

그러면 '그룬트'가 무엇인가. 즉, "정초 또는 기반"이 무엇인가를 물을 수 있다. 그 해결의 실마리는 또 '서브-젝트'에 녹아있다. 일단 정초와 기반이 무엇인지를 유보해 놓고, 우회의 길로 들어서자. '서브-젝트'가 주체라는 말도 품의하고 있지만, 라틴어 본래의 어원을 추적해 들어가면, '수비엑툼(subjectum)'에는 "탐구의 대상"이라는 의미도 내비(內備)되어 있다. 위에서 '스터디'를 어떤 대상에 대한 탐구라고 나이브하게 정돈한 적이 있다. 그렇다면, 어떤 대상은 "탐구의 대상"과 곧바로 연결되고 이것이 '수비엑툼'이고 곧 '서브-젝트'인 것이다. 이렇게 서브-젝트는 탐구의 대상이자 탐구의 주체라는 두 의미를 동시에 머금고 있다.[13]

---

12 이 '베-그룬-둥'이 오늘날 교수-학습에서 아이들이 행하는 학습활동과 같다.
13 정기철, 『해석학과 학문과의 대화』(서울: 문예출판사, 2004), 464-465쪽. 〈그러나 하이데거는 이 코기토를 절대가 아니라 한 시대의 산물일 뿐이라고 보았다. 세상을 표상하고 모양을 만드는 시대의 산물일 뿐이다. 시대 표상의 산물인 주체는 '나'가 아니라 실체(substratum)이다. 분명한 것은 이 시대상을 좇아 존재자를 표상하면서 사람이 주체로 탄생된다는 것이다. 주체라는 말의 어원 subjectum은 '나'가 아니라 모든 것 밑에 있으며 그 바탕을 이루는 것을 가리킨다. Subjectum은 아직 사람이 아니며 '나'도 아니다. 결국 주체를 뜻하는 subjectum과 바탕을 뜻하는 subjectum은 똑같은 것이 되었다. 이제 주체는 자

결국 〈주2〉에서 다루는 초등학교 4학년의 교과들은 바로 이런 '수비엑툼' 또는 '서브-젝트'의 다른 이름인 것이다. 이것을 우리는 교육내용, 즉 교과목이라 부른다. 물론 교과를 교과'목'이라 부르는 것은 교과가 하나가 아니라 여러 개의 복수-'태(態)'임을 언표한다. 그래서 교과-목(目)은 가르칠 내용[教科]의 바라봄의 방식들[目]인 것이다.[14] 국어라는 창을 통하여 세상을 바라보고, 과학이라는 창을 통하여 세상을 바라보며, 사회라는 창을 통하여 세상을 바라본다, 등등등. 이런 논리가 교과목을 배태하는 질서이며, 동시에 '분(分)'-과(科)-학(學)으로서의 교과목의 탄생으로 자연스럽게 유도된다. 이것이 교육내용이 아니고 무엇이겠는가. 그래서 교육내용을 '교과(subject)-목(matters)'이라고 부르며 이를 탐구하는 것이 **교-과-학(study-of-subject-matters)**이다. 즉 교과에 대한 학습 말이다. 그러하니 **'서브-젝트'라는 어휘는 '주체'이면서 동시에 그 '주체'를 주위에서 감싸는 '내용'**이다.

그래도 문제는 남는다. 그것은 '정초'와 '기반'에 대한 해명이다. 이것들은 '근거'와도 같다. 이 "'근거'라는 낱말, 즉 라틴어의 라치오Ratio는 이 낱말의 본질 유래에 따르면 '모아들이면서 앞에 놓여 있게 한다das versammelnde Vorliegenlassen'는 의미에서의 '로고스Λόγος' 즉 '헨 판

• 근거
그리스어로 로고스를 라틴어로 라치오를 뜻함
근거가 하는 일
①모아들이다.
②캐내다.
이때 ①과②의 일을 하는 것은 근거인 인간의 이성이다. 주어져 있는 것의 뿌리와 정초가 또한 근거다.

기 자신으로서 중심이며 모든 존재자는 그 중심을 향한다. 그렇게 되려면 세상은 하나의 상이 되어야 하며 내 앞에 서 있어야 한다.〉

14 여기서 우리는 서브-젝트를 '교과'라고 번역한 선학의 재치에 놀라움을 금치 못한다. 순박하게 말해서 교과는 학교에서 가르칠 과목이다. 뒤집으면 아이들이 학교에서 배울 과목이 교과이다. 그런데 그 과목은 일정한 틀 속에서 잘게 말질하여[科]―이 말, 즉 〈과(科)〉는 원래 나락[禾]을 말[斗]로 갈무리하는 것을 뜻한다―던져놓은 또는 주어져 있는 것으로서의 단위[目]에서 기래한다. 그렇지만 그 과(科)의 정돈 방식은 '우리가 현상을 바라보는 방식[目]'에 기반하여 편제해 둔다. 여기서 바로 근대 교과목의 탄생을 우리는 눈치 챌 수 있어야 한다.

타('Εν Πάντα, 모든 것을 모아들이는 일이다)'이다."[15] 그리고 여기서 "로고스는 근거 짓는 근거(der grüdende Grund)"의 다른 말이다.[16] 이를 하나하나 음미하는 시간대로 이행해 들어가자. 그러면 근대 형이상학의 저반과 그 저반을 떠받드는 지형도를 우리는 조감할 수 있으리라. 우선, 서양 전통에서 '근거'라는 낱말은 '라치오'의 다른 말이다. 그러면 '근거=라치오'인 관계가 성립된다. 그런데 이 '라치오'는 중세 라틴어이고, 이것을 뜻하는 그리스어는 '로고스'이다. 그러면 또 여기서 '라치오=로고스'가 된다. 그러므로 '라치오'는 언제나 '로고스'와 호환해서 쓴다. 그런데 이 로고스와 라치오는 근거 짓는 행위를 유발하는 행동성을 그 어원에서 이미 머금고 있다. 이것을 바로 위에서 우리는 어떤 것을 '모아들이는 일'로 보지 않았던가. 이 말은 **라치오와 로고스에 무언가를 모아들이면서 모아들인 것 속에 들어있는 어떤 것을 캐내는 작업까지도 함축하고 있다**는 점이다. '모아들이는 일'은 단순히 모아들이는 일로 끝나는 것이 아니라 그 속에 들어있는 뿌리를 캐내는 일도 그런다. 그 뿌리가 정초이고 기반이고 근거다.[17] 이것이 근대 이성이면서 이 이성이 로고스와 라치오를 조종하는 동력원이다.

그래도 석연치 않다. 모든 것을 모아들이는데 그것으로 끝나는 것이 아니라 모아들인 것들 중에서 지식을 지식답게 하는, 즉 확실하게 하는 것만을 다시 갈무리 해둔다. 이것이 확실성의 획득인데 이 일을 이성이 관장한다. 확실성을 획득하려면 모아들인 것들을 대상으로 갈무리하

---

15 마르틴 하이데거, 앞의 책, 49쪽.
16 위의 책, 49쪽.
17 현대교육 패러다임의 골간을 이루는 기본-틀인 교수-학습 장치에서 <뿌리·정초·기반·근거>를 이루는 대표적인 것들이 이른바 K·S·A이다.

는 작업에 착수하게 되는데, 그것은 다름이 아니라 내 가까이에 '주어진 대상을 잘라보고, 계산해 보고, 비교해 보고 등등등, 그런 다음 같음과 다름에 따라 공통적인 그리고 이질적인 요소를 추출하여 개념화한다.' 또 이런 일을 하는 것이 인간의 이성이자 라치오이다. 그러니까 그것은 모아들인 것이 **그 누가 이런 일을 행하더라도 동일한 결과가 나오기를 고대하면서 진행된다.** 이것이 곧 동일성의 사유이고 이 동일성은 가만히 있지 않고 총체성으로 이끌린다. 근거에 대하여 사유하는 것이 누구나 보편타당한 진리를 이와 같은 사유 속에서 만들어낸다는 점이 그 속에 이미 함축하고 있다. 그러므로 이미 근거로서 주어져 있기에 그것은 **존재자──이때 존재자는 다름 아닌 지식·기능·태도(K·S·A)를 말한다──** 를 형성한다. 이를테면, 교과로서 주어져 있는 것, 이것은 이미 존재자로 우리 앞에 초대되어 있는 것이다. 그것을 로고스의 방식으로 먹어들어 가는 활동이 바로 교과에 대한 학습이다. 이것은 근거를 만들어 들어가는 방식에 따라 '-론'으로 구분되기에, 이 '-론'은 위에서 하이데거가 말하고 있듯이 "각 학문에 있어서 학문들의 대상들이 그것의 근거에 입각하여 표상되는──즉 개념파악 되는──근거지움(정초함)의 연관 전체"인데 이것이 교과의 다른 이름이다.

그러므로 교과를 공부한다는 것은 엄밀하게 말하자면, 그 교과에 들어있는 것을 로고스로 소환하여 교과의 방식에 타당하게 우리들이 정돈하면서 라치오로 그것을 축적해 나가는 일에 다름 아니다. 그래서 교과는 언제나 <u>존재-론(Onto-Losik)</u>이며 <u>신-론(Theo-Losik)</u>이다. 이것을 하나로 통합시키면 존재-신-론(Onto-Theo-Losik)이다. 물론 이 말은 하이데거의 생각인데 이 말이 무슨 뜻인가. '온토(Onto)'는 '무엇에 관한'을 뜻한다. 이를테면, 서양식으로 공부를 'study about-'이라고 풀었을 때 이것을 'Onto'로 읽으면 맞다. 그러면 존재-론(Onto-Losik)은 '로지크에-관한-론'일 것이고, 이 로지크가 로고스의 다른 이름이기에 '로고스에-관

• 존재-론
각 교과에 들어있는 근거에 대한 탐구

• 신-론
주어져 있는 근거가 확실하고 불변하여 신적인 지위에 위치하는 것에 대한 탐구

한-론'이 된다. 그러면 각각의 론이 생겨나게 되는데 이 각각의 론이 '교과목에-관한-론'으로 이끌린다. 그런데 각 교과별로 교과만의 로지크가 있다. **이 로지크가 이미 '정초'로서 존재하는 존재자이며 그 존재자가 동일성과 확실성을 이미 그 속에 가지고 있는 것이기에, 그것을 내 앞으로 모아들여 놓고 그 속에 녹아들어 있는 로지크를 로고스 또는 라치오로 정돈해 들어간다.** 그것이 바로 하이데거가 말하려는 '존재-론(Onto-Logik)'이다. 그러면 이것이 왜 또 '신-론(Theo-Losik)'인가. 그런데 이것은 내 속에 이미 들어 있는 것이 아니라 나 밖에 던져져 있는 것들 속에 로지크가 들어있는 것이고, 이것은 최종적인 것으로서 도달해야 하는 경지의 무엇(what)이며 신(god)과 같이 미리 주어져 있는 것이기에 우리는 이것을 '신-론'이라 부른다. 이것은 당연하다. 주체인 내 속에 들어 있는 무엇을 탐구하는 것이 아니라 이미 주어져 있는 것, 그것이 함유하고 있는 불변의 확실한 것을 탐구하는 것이다. 그리고 그것은 이미 그것 속에 신과 같이 높은 지위를 확보하고 있다는 점에서 '신-론'을 부여받는다. 이런 '존재-론'과 '신-론'을 하나로 묶어서 하이데거는 '존재-신-론'이라 호칭했던 것이다. 그렇다면 교과는 모두 다 '존재-신-론(Onto-Theo-Losik)'적인 측면을 분명히 가지고 있다고 볼 수 있겠다. 이와 같은 방식으로 학습해 들어가는 길을 두고 우리들은 지금 공부라고 부르고 있다.

4. 껍데기 공부를 반성하라

'알맹이는 남고 껍데기는 가라'는 구절은 신동엽의 〈껍데기는 가라〉라는 시의 일부분이다.[18] 이것이 현금 우리 공부에게도 유효하다. 공부의 본의에 비추어 보면 말이다. 그러하니 본래 공부의 왜곡과 굴절은 우리가 살아가는 현실의 저반에서 암암리에 추동되어 온 것이 사실이다.

아리스토텔레스가 인간을 이성적 동물(animal rationale)로 언표한 이래 우리는 그 이성의 굴레를 멍에로 삼아 살아간다. 물론 그로 인하여 고전적 교과주의의 태동을 잉태했지만, 아직도 그 여파의 영향으로 말미암아 공부를 이성만으로 사유하려는 *교과주의* 패러다임은 우리에게 견고하다. 물론, 이때 "이성은 몸의 감각이 수용한 질료를 다시 개념화하고 정신적인 요소로 추상화하여 인식하는 능력을 일컫는다."[19] 그런데 그 "이성은 자기의 내용을 홀로 채워 나가는 것이 아니라, 반드시 바깥의 감각적 소여의 경험을 통해 자기의 내용을 충족시켜 나가기 때문이다. 바깥의 대상과 그 대상을 경험하는 감각이 없으면 이성은 잠잔다. 감각적 경험이 이성의 대상이 되면, 그 이성의 대상에 개념적 인식을 통하여 대상을 파악하는 자기의 행위를 이성이 인식한다. 그런 다음에 이성은 자기의 행위를 반성하면서 또 자기의 행위를 근거지우는 자기의 주체적 실존을 이해하게 된다. 객체를 개념화함으로써 주체를 인식하게 되는 이성의 법칙에는 주체가 자신의 진리를 자각하기 위해 객체로부터 정신에 이르기까지 모든 것을 쌓아 나가는 구성적 사유(constructive thinking)가 필수적이다."[20] 이러한 이성이 근거를 만들어내는, 다시 말해 놓자면, 형이상학적 진리를 정초하려는 바로 그러한 작업은 오랜 서구 전통이 작용한 결과로 읽어야 하리라. 이를테면, 이것은 "어떤 것도 근거 없이 존재하지 않는다"(Nihil est sine ratione)라든가 "모든 진리의 근거가 교부될 수 있다"(quod omnis veritatis reddi ratio potest)라고

• 교과주의
각 교과에 들어있는 K·S·A의 습득만을 주로 하는 활동이 교육이이라고 보는 입장

• 소여
이미 주어져 있는 것

---

18   신동엽, 『신동엽전집』(서울: 창작과 비평사, 2002), 67쪽.
19   김형효, 『철학적 사유와 진리에 대하여 1』(서울: 청계, 2004), 128쪽.
20   위의 책, 129쪽.

보는 *라이프니츠*의 주장과도 회통하는 국면이다.[21] 이성이 공부를 전부 부리는 시대는 이제 끝나야 한다. 아니, 공부가 공부의 본의 속에서 풍요롭게 새로이 일어서는 시대에 공부의 숭고한 의미를 되찾고 그 속에서 공부의 자체 구동의 역학을 만들어내는 것만이 이성이 지배하는 시대에 이성의 공부를 극복하는 힘의 원천은 아닐까. 그러나 공부의 "알맹이는 남고 껍데기는 가라"는 피맺힌 절규가 오늘날 본래적 공부를 안 하는 것에 대한 율곡의 경고성 메시지와 동행한다. 지금 이때에 전통공부의 의미소는 이 시대의 엄연한 에피스테메(epistémè)로 남아 재해석만을 기다리고 있다.[22]

교과학을 배태한 교과주의는 철저하게 근대주의(modernism)의 산물이다. 이 경우 근대주의란 서유럽의 근대기획, 서유럽이 이룩한 근대적 세계상이 모범답안이며 따라서 이를 좇지 않으면 안 된다는 태도와 인식을 가리킨다.[23] 이런 근대주의를 신봉하는 계열에서 미국도 자유롭지 못하다. 이와 같은 근대주의를 해체하려고 하다 보니 우선 교과를 통한 공부를 성찰적으로 둘러본 것이다. 그것도 근대라는 현 세기의 보편 패러다임 속에서 교과의 의미가 무엇인지를 성찰해 보았다. 그런

• 라이프니츠
독일의 근대 철학자로 이성에 의한 합리성을 강조함

• 에피스테메
특정한 역사적 시기에 문화를 지배하는 틀

---

21 김형효, 『철학적 사유와 진리에 대하여 2』(서울: 청계, 2004), 436-437쪽.
22 이 에피스테메는 고대 그리스의 인식소로서의 앎을 여기서는 말하지 않는다. 이것은 푸코가 말하는 담론 구조 속에서의 구성물에 가깝다: 〈epistémè는 사적인 혹은 집단적 견해인 독사(doxa)와 대립되는 전문적이고 이론적인 지식, 혹은 학문을 말한다. 이 용어는 푸코가 나름대로 새롭게 사용하여 주목받았는데, 그는 한 시대를 지배하는 지식의 중심축으로서 그 시대의 에피스테메를 이야기한다. [한편] 데리다는 서구 역사에서 과학적·철학적 지식이라는 의미로 이 용어를 사용한다.〉(자크 데리다, 『그라마톨로지에 대하여』, 김웅권 옮김(서울: 동문선, 2004), 15쪽, 주8.)
23 박희병, 『운화와 근대』(서울: 돌베개, 2003), 18쪽.

데 이러한 성찰적 둘러봄은 단순한 실증적 확인이나 일방적 긍정 혹은 미화를 넘어 사상(事象)의 의의와 문제점을 동시에 요모조모 따져나가야 한다는 것을 염두에 두고 있다. 그러므로 성찰적이라는 용어는 이미 공부에 대한 비판성이 내포된다.[24]

지금까지 교과-학을 공부의 측면에서 해체하는 길을 따라와 보았다. 여기서 *해체*란 공부와의 비판적 대결 및 공부사(工夫史)를 자기 것으로 만들어내는 과정을 의미한다. 그럼으로써 공부를 바라보는 지평을 새롭게 일구어내는 데 있었다. 원래 지평이 글자 그대로 시야와 한계를 동시에 말하고 있듯이 공부를 본래의 지평에서 본다면 개념사적 변천의 와중에서 공부도 근대의 희생양이 되었다. 이것은 담론 양식의 불일치를 예고하는 것이기도 하다. 즉 **각 시대를 지배하는 이야기**로서의 **담론**의 배치가 공부에게도 그대로 적용된 셈이다. 근대는 '인식주체로서의 나(ego cogito)'가 전 세계를 장악하는 담론을 형성한다. 이때 인식주체로서의 나란 미리 주어진 세계 내에서의 주체로서의, 그리고 이 세계로 '향한' 것으로서의 인간을 함축한다.[25] 그 세계의 목표물은 물론 교과이다. 이런 담론의 구조 속에는 '내 몸과 마음을 갈고 닦아서 내 존재를 새롭게 재편하려는 그 어떤 기획', 즉 '전통공부'는 없다고 보는 것이 옳다. 그런 점에서 본다면, 교과주의의 공부로 전통공부를 설명하고 이해하려는 시도는 분명 곤란하다.

우리는 이렇게 전통공부와는 담론의 구조와 배치가 다른 *교과주의*의 한계를 직시하고, 작금은 공부의 본의를 근대와 협력하여 내연(內

• 해체
이전 것의 결함을 들추어 내어 그것 너머의 세계를 구성하는 것

• 담론
시대별로 그 시대를 지배하며 유통되는 이야기

---

24 위의 책, 21쪽.
25 이남인, 『현상학과 해석학』(서울: 서울대학교 출판부, 2004), 305쪽 참조.

燃)시키는 역량이 필요한 시점이기도 하다. 따라서 지금은 공부를 공부의 근원으로부터 다시 사유함으로써 공부의 새로운 패러다임의 전환을 꾀하려는 시점 앞에 공부가 처해 있다할 것이다. 교과공부가 전부인 이 시대에 전통공부의 중요성을 깨닫고 이를 교육적으로 실행시켜야 하는 일이 앞으로 우리들의 과제이리라!

2장

아이들이 잠재성을 발현하도록 그들을 도와주라*

엔텔레케이아 마인드를 갖고 동력인의 교사가 되어라!

---

* 이 글은 「아리스토텔레스의 엔텔레케이아에 대한 교육적 해명」, 『인격교육』, 제6권 제1호, 2012, 67-88쪽에 실려 있다.

1. 엔텔레케이아란 무엇인가

이것은 아리스토텔레스(Aristoteles: 384~322, B. C.)의 철학사상 중에서 엔텔레케이아 이론에 대한 교육적 해명이다. 그럼 대체 그가 말하는 엔텔레케이아란 무엇인가. 이때 <u>엔텔레케이아(*ἐντελέχεια*/ entelecheia)</u>는 고대 그리스어다. 이 용어를 다음과 같이 세 요소로 끊어서 파헤쳐 보는 것이 가능하다. 이러한 작업은 형태소에 따른 분석이다.

• 엔텔레케이아
▶ 광의
질료가 형상으로 나아가는 것을 말한다.
▶ 협의
질료와 형상 중에서 형상만을 말한다.

■ 엔텔레케이아(*ἐντελέχεια*/entelecheia)의 어원 분석

• 분석 1

① en: '~안에(in)'라는 뜻을 갖고 있는 접두사다.

② telos: '끝·완성·목적/목표'를 뜻한다.

③ echein: '가지다(to have/to hold)'라는 의미를 나타낸다.[1]

• 분석 2

① en-: en-

② tél(os): goal

③ éch(ein): to have

④ -eia: a suffix of various origins used in the information of action nouns from verbs[2]

---

1 유창국,「파우스트의 엔텔레키적 양상 I : 괴테『파우스트』I 부를 중심으로」, 출처미확인 논문, 1996, 76쪽.

2 *The Random House Dictionary of The English Language* (2nd ed.), 1983, p. 648/2198.

[이때 ①은 전치사로 'in'의 의미를 갖는 접두사이고, ②와 ③은 방금 위에서 보여준 그대로의 뜻이고, ④는 동사 뒤에 붙어서 그 동사의 상태를 응축시켜주는 명사형 접미사다.]

이것을 종합해 보면, 엔텔레케이아(entelecheia)란 어떤 것이 안에 '끝·완성·목적/목표'인 '텔로스(τέλος/telos)'를 가지고 있는 것, 즉 끝·완성·목적/목표'인 '텔로스'를 가지고 있는 상태를 뜻한다. 더 나아가서 엔텔레케이아는 어떤 것이 '끝·완성·목적/목표'인 '텔로스'의 상태를 가장 완벽하게 완성·구현·실현해 놓은 모습을 뜻하기도 한다. 이런 'entelecheia'를 영어로 'entelechy'라고 하며,[3] 독일어로 'Entelechie'라 한다.[4] 그런데 『영한사전』에서 〈entelechy〉를 〈질료가 형상을 얻어 완성하는 현실〉로 풀고 있다. 또한, 『독한사전』에서 〈Entelechie〉를 〈아리스토텔레스 철학의 개념으로 '내구소질(內具素質)'의 온현(圓現)'[5], '질료의 원현(圓現)'[6], '소질·생명 따위의 원만 실현'〉으로 풀고 있다.

이런 엔텔레케이아에 대한 해명의 길로 나아가기 위하여 나는 세 가지 기본 물음을 던지고자 한다.

첫째, 엔텔레케이아 이론을 구성하는 아리스토텔레스 철학의 기본 가정은 무엇인가?

둘째, 이런 가정이 교육과 만났을 때 어떤 교육적 해석이 가능할까?

---

3 *Essence English-Korean Dictionary*, 2011, p. 833.
4 *Essence Deutsch-Koreanisches Wörterbuch*, 1993, p. 489.
5 '내구소질의 원현'이란 '안에 갖추고 있는 소질이 원만하게 실현되는 것'이다.
6 '질료의 원현'이란 '밑바탕인 질료가 원만하게 실현되는 것'이다.

셋째, 그렇다면 엔텔레케이아 이론이 교육에 주는 메시지는 구체적으로 무엇일까?

2. 질료가 형상을 그리워하다

아리스토텔레스의 엔텔레케이아는 『영혼론(*De Anima/On the Soul*)』412a에 나오기도 하지만,[7] 『형이상학(*Metaphysica/Metaphysics IX*)』에서 이것을 구체적으로 다루고 있다.[8] 이것들이 이른바 엔텔레케이아의 해당 전거(locus classicus)이다.

우리는 아리스토텔레스의 이러한 엔텔레케이아 이론을 이해하기 전에 그의 형이상학(metaphysics)을 알아야 한다. 누가 뭐라고 해도 그의 형이상학은 전적으로 <u>*질료-형상 가설*(matter-form hypothesis)</u>에 기반하고 있다.[9] 이 가설에서 그는 질료와 형상이라는 두 요소를 가지고 실재(reality)를 구조화했다.[10] 이때 '실재'는 형이상학에서의 주된 탐구의 대상을 말하며 '어떤 것의 본질로서의 무엇'을 뜻한다. 이런 점 때문에 형이상학을 다른 용어로 본질 탐구의 영역인 존재론(ontology)이라고도 부른다.

• 질료-현상 가설
이 세상의 모든 물이 질료와 형상으로 구성되어 있다는 입장

---

7 유원기 역주, 『아리스토텔레스 영혼에 관하여』(서울: 궁리, 2001), 124쪽.
8 조대호 역해, 『아리스토텔레스의 형이상학』(서울: 문예출판사, 2004), 246-264쪽.
9 G. L. Gutek, *Historical and Philosophical Foundations of Education: A Biographical Introduction*(3th ed.)(Upper Saddle River: Merril Prentice Hall, 2001), p. 11. / G. L. Gutek, *Historical and Philosophical Foundations of Education: A Biographical Introduction*(5th ed.)(Boston: Pearson, 2011), p. 57.
10 G. L. Gutek, *ibid.*, 2011, p. 57.

아리스토텔레스는 그의 철학 체계에서 온 세상을 구성하는 동물, 식물, 인간 등 모든 것이 질료와 형상으로 되어 있다고 본다. 이것이 이른바 질료-형상 가설이다. 그럼 *질료*란 무엇인가? 이때 질료는 그리스어로 ὕλη/hylē를 말하며, 영어로는 matter로 번역된다. 즉 그것은 원래 흙, 물, 불, 공기의 네 가지 원소들 또는 그것들로 구성된 합성물 또는 복합물을 뜻했다.[11] 반면 *형상*이란 무엇인가? 이때 형상은 그리스어로 εἶδος/eidos라고 하며, 영어로는 form으로 번역된다. 즉 이것은 단지 형태나 겉모습(외양) 또는 형체만을 지칭하는 것이 아니라 때로는 구조, 기능, 더 나아가서는 본질을 지칭하기도 했다.[12] 그런데 아리스토텔레스는 『영혼론(*De Anima/On the Soul*)』412a 등에서 질료를 잠재태(δύναμις/dynamis)로 불렀고, 형상을 현실태(ἐντελέχεια/entelecheia)로 부르기도 하였다.[13] 이때 *잠재태[potentiality ← matter]*는 어떤 것이 일종의 잠재력을 갖고 있는 상태를 말한다. 또한 *현실태[actuality ← form]*는 어떤 것의 잠재태가 완성된 또는 실현된 상태를 뜻한다.[14] 이상의 진술 내용을 요약하면 이렇게 정리할 수 있다:

• 질료
어떤 것의 밑바탕이 되는 원료의 모습

• 형상
어떤 것이 과정과 절차를 거치면서 완성된 모습

• 잠재태
잠재해 있는 모습

• 현실태
완성되어 있는 모습

- 두 나미스(dynamis) → 질료(matter) = 잠재태 또는 가능태[잠재성 또는 가능성]
- 엔텔레케이아(entelecheia) → 형상(form) = 현실태 또는 실현태[현실성 또는 실현성]

---

11 유원기 역주, 『아리스토텔레스 영혼에 관하여』(서울: 궁리, 2001), 29쪽.
12 유원기 역주, 위의 책, 29/76쪽.
13 위의 책, 30/124쪽.
14 위의 책, 124쪽.

For Aristotle, **matter** carries with it the principle of potentiality, which means that it has the potential of becoming something but must take on a form or design to become an object. Aristotle referred to taking on a **form** as the principle of actuality.[15] [원문을 번역하는 것이 불필요하다고 보고 원문을 그대로 노출한다.]

아리스토텔레스는 질료와 형상이라는 용어 이외에 에네르게이아(ἐνέργεια/energeia)라는 용어를 『형이상학(Metaphysica/Metaphysics IX)』에서 사용했다. 지금부터 이 세 가지를 면밀하게 보자. 방금 위에서 본대로 아리스토텔레스는 질료를 뒤나미스(dynamis)라고도 불렀다. 그의 정의에 따르면, 뒤나미스(질료)는 '변화의 원리(archē metabolēs)'가 되는 능력 또는 가능성을 말한다. 이런 점에서 우리는 뒤나미스를 능력, 잠재력, 가능성, 가능한 것 등의 용어로 옮겨 쓸 수 있다.[16] 이런 점 때문에 우리는 질료를 잠재태이자 잠재성 또는 가능태이자 가능성으로 보는 것이다. 이런 질료를 두고 위의 영문에서 'potentiality'로 쓰였다. 다음으로 형상의 측면을 보자. 형상을 아리스토텔레스의 용어로 말하면 협의의 엔텔레케이아가 된다. 그런데 그는 엔텔레케이아와 비슷하지만 다른 *에네르게이아(ἐνέργεια/energeia)*를 동시에 사용했다. 물론 이것이 오늘날 우리가 쓰고 있는 에너지[力]의 그리스 어원이다. 이때 에네르게이아는 '실질적인-힘의-작용'을 뜻하기에 어떤 능력의 현실적인 작용(activity) 또는 그런 능력의 실현/현실화

• 에네르게이아
동력을 만들어내는 작용

15　G. L. Gutek, *op. cit.*, 2011, p. 57.
16　조대호 역해, 앞의 책, 247쪽.

(actualization)를 뜻한다.[17] 한편 엔텔레케이아는 현실화의 결과인 작용 또는 활동 상태(actuality)이거나 현실화의 완성 상태(perfection)를 가리킨다.[18] 결국 'energeia → activity', 'entelecheia → actuality'로 말이다.[19] 따라서 에네르게이아는 질료가 형상으로 가는 작-'용'(act-'ivity')이라면, 엔텔레케이아는 질료의 완성으로서의 작용 또는 활동-'상태'(act-'uality')를 뜻한다. 이제 질료, 형상, 에네르게이아의 관계를 종합해 보자. 질료와 형상이 있을 때 질료가 형상으로 가도록 해주는 힘의 작용이 에네르게이아가 되겠다. 달리 말해 형상 부여의 작용, 그것을 에네르게이아로 보면 틀림없다.

그런데 아리스토텔레스는 여기서 그의 가설을 끝내는 것이 아니라 질료-형상 이론을 4요인설로 더욱 체계화시킨다. 그 내용을 구체적으로 보자.

■ 아리스토텔레스의 4요인설

① 질료인: 어떤 것이 만들어지는 원료와 같은 물질

② 형상인: 물(物)을 형성시키는 설계도

③ 동력인 또는 작동인: 그런 물(物)을 생산해내는 대행자

④ 목적인: 물(物)이 텔로스[완성]를 향해 나가려고 하는 방향성[20]

---

17 유원기 역주, 앞의 책, 274쪽. / 조대호 역해, 앞의 책, 260쪽.
18 조대호 역해, 앞의 책, 260쪽.
19 이때 'activity'는 '작용 과정'을 강조하는 용어이고, 'actuality'는 '완성 결과'를 강조하는 용어다.
20 H. A. Ozmon and S. M. Craver, *Philosophical Foundations of Education* (8th ed.)(Upper Saddle River: Pearson, 2008), p. 43. / H. A. Ozmon, *Philosophical Foundations of Education* (9th ed.)(Boston: Pearson, 2012), p. 42.

보다 명료한 이해를 위하여 이를 그림으로 표현해보자. 아래 〈그림 2·1〉은 아리스토텔레스의 4요인설에 대한 입체적 설명이다.

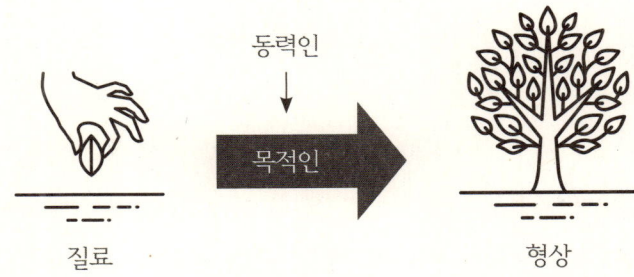

〈그림 2·1〉 그림으로 본 4요인설

물론 위에서 물[物·object]은 동·식물 그리고 인간 모두를 포함하는 개념이다. 이제 이런 4요인설을 '집의 비유'를 통해서 더 구체화해 볼 수도 있다. 여기 집이 있다고 하자. 그러면 이런 집을 짓기 위해서는 우선 목재, 벽돌, 못 등이 필요하다[=질료인]. 그 전에 우리는 지을 집에 대한 설계도면과 청사진을 갖고 집을 짓기 시작한다[=형상인]. 그리고 목수는 설계도에 따라 집을 짓는다[=동력인]. 그런데 주거를 위하여 그 집을 짓는다[=목적인].[21]

이렇게 아리스토텔레스의 4요인설의 핵심은 이런 것이다. 즉 그것은 '③ **동력/동인이 어떠한** ④ **목적을 가지고** ① **질료를** ② **형상화시키는 것이다**'라는 점이다. 이런 생각이 교육에도 그대로 들어오게 된다.

---

21 H. A. Ozmon, *ibid.*, 2012, p. 42.

3. 교사도 도공이자 목수다

도공은 흙을 빚어 아름다운 도자기를 만든다. 이때 흙은 질료요, 아름다운 도자기가 형상이요, 그 도자기의 아름다움이 목적이요, 마지막으로 도공의 솜씨와 에너지가 도자기를 만들어내는 동력이다. 이렇게 도공이 도자기를 만들어내는 활동을 아리스토텔레스의 4요인설로 설명이 가능하다. 이런 설명 구조가 교육에도 그대로 적용 가능하다. 이를테면, 교사도 도공이나 목수와 같은 역할을 실제 교육에서 수행하고 있다. 이러한 유비적 양상을 다른 형태로 표현하면, 〈도공 : 도자기=목수 : 가구 → 교사 : 학생〉으로 그 관계를 비유적으로 바라볼 수 있다.

■ 질료-형상 가설에 대한 도공과 목수의 교육적 비유
아리스토텔레스의 질료-형상 가설을 도공에 비유해서 생각해 본 적이 있다. 도자기가 되기 위한 원료 흙, 그 흙을 빚어 아름다운 도자기로 다시 태어나게 하는 도공이 있다. 도자기가 되기 전의 흙은 무한한 가능성을 지니고 있는 존재이다. 도공에 의해 위대한 작품이 되기도 하고 졸작이 되기도 한다. 도공의 손에서 흙은 다양한 용도를 지닌 작품으로 새롭게 태어난다. 도공이 흙의 가능성을 알아보고 그것을 다듬고 나면 흙은 예전의 그 흙이 아니라 도공의 손을 통해 무한한 가능성을 지닌 흙으로 그 가능성을 실현하게 되는 것이다.
교사도 도공과 같다. 교사는 학생들의 무한한 가능성을 실현시켜주는 존재이다. 학생들에게는 무한한 가능성이 있다. 교사는 그 가능성을 파악하고 그 가능성이 실현될 수 있게 도와주어야 한다. '실력 없는 목수가 연장 탓한다'라는 말이 있다. 여기서 생각해 보아야 할 점은 실력 없는 목수란 과연 어떤 존재인가 라는 질문이다. 실력 없는 목수의 속성을 적는 칸이 있다면 나는 '나무의 진면목을 파악하지 못함'이라고 적어두고 싶다. 훌륭한 목수는 굵기가 굵거나 가는 나무, 길이가 길거나 짧은 나무 등 다양한 나무를 보며 그 속에서 제 각각의 가능성을 볼 것이다. 하지만 실력 없는 목수는 자신의 의도에만 맞는 나무를 찾으려들 것이다. 실력 없는 목수는 나무를 탓하고, 상황을 탓하며 연장을 탓할 것이다. 이러한 실력 없는 목수의 모습을 교사의 모습에서도 찾아볼 수 있을 것이다. 학생의 실력 부족만을 탓하는 교사, 교육 제도나 학교의 환경만을 탓하는 교사, 이러한 교사의 모습이 바로 연장만을 탓하는 목수의 모습일 것이다. 훌륭한 목수가 다양한 나무의 모습 속에서 무한한 가능성을 보듯이 훌륭한 교사는 각기 다른 모습을 한 아이들을 보며 그 속에서 각각의 잠재력을 파악해야 한다. '학생들의 성적이…….', '학교환경이……..', '많은 업무 때문에……..'와 같은 변명은 통하지 않는다. 훌륭한 교사는 어떠한 환경 속에서도 그들의 가능성을 민감하게 감지한 후 그 가능성이 실현될 수 있게 도와주어야 한다.

목수 없이는 아무리 좋은 나무도 좋은 작품이 될 수 없듯이 유능한 학생도 교사의 교육활동 없이는 훌륭하게 성장할 수 없다. 교사는 학생들의 잠재력을 파악해야함은 물론이요, 그 학생들이 자신의 인생의 목적을 갖고 살 수 있게 다듬어주어야 한다. 목수가 아무런 목적 없이 물건을 만드는 것이 아닌 것처럼 말이다. 교사와 학생의 관계도 이와 같다. 학생은 무한한 가능성을 지닌 존재이다. 중요한 것은 교사의 안목이다. 교사는 학생의 가능성을 발견하고 그 가능성이 실현될 수 있게 도와주는 존재이어야만 한다. 교사의 세심한 관찰과 우수한 안목은 학생의 미래를 결정짓기도 한다. 더러는 학생들의 능력을 탓하는 교사가 있다. "우리 반 아이들은 수준이 낮아요." 이런 말을 하는 교사는 자신을 부끄러워해야 한다. 저 말은 곧 '저는 학생들의 능력을 알아보는 안목이 없습니다'라고 말하는 것과 똑같기 때문이다.
(이 글은 학부생 김진희의 〈기말 페이퍼〉 중에서 발췌한 것이다.)

교사는 일종의 목수이며 동시에 도공과 같은 존재이다. 이것은 어디까지나 메타포(*metaphora/metaphor*)의 지평에서 하는 말이다. 이때 메타포의 지평이란 비유의 짝들이 실제로 똑같은 것은 아니지만 개념적으로는 같은 맥락에 처해 있다는 뜻이다. 이런 측면에서 보면, 메타포란 아리스토텔레스가 『시학(*Poetica/Poetics*)』에서 말하고 있는 전통 수사학의 문제가 아니라 추상적 세계를 개념화하려는 과정에서 발생되는 유비상의 문제이다. 메타포는 통상 비유를 뜻한다. 그리고 이런 메타포는 유비(*analogia/analogy*)적 전용으로도 나아갈 수 있다. 이때 유비적 전용이란 대상 a에 대한 b의 관계가 대상 c에 대한 d의 관계와 같을

• 메타포
비유장치

때를 말한다.[22] 즉 이 말은 <a : b=c : d>가 될 때 유비적 전용이 성립할 수 있다는 뜻이다. 이렇게 놓고 보면, 교사를 목수이자 도공으로 보는 것은 유비적 전용임에 틀림없다.

아리스토텔레스는 인간발달이란 질료-형상의 과정을 포함하고 있다고 믿는다. 이런 믿음은 질료-형상 이론을 교육적으로 이해하는데 매우 중요한 단초를 제공한다. 그래서 나는 이 점을 더욱 주목한다는 측면에서 해당 부분을 특별히 원문으로 드러내 놓겠다: "Aristotle believed that human **development** involved this matter-form **process**."[23] 그럼, 왜 아리스토텔레스가 그런 믿음을 갖게 되었을까? 이에 대한 해답을 그의 4요인설에서 찾을 수 있다. 아래 <그림 2·2>는 아리스토텔레스의 4요인설에서 바라보는 엔텔레케이아 시스템이다.

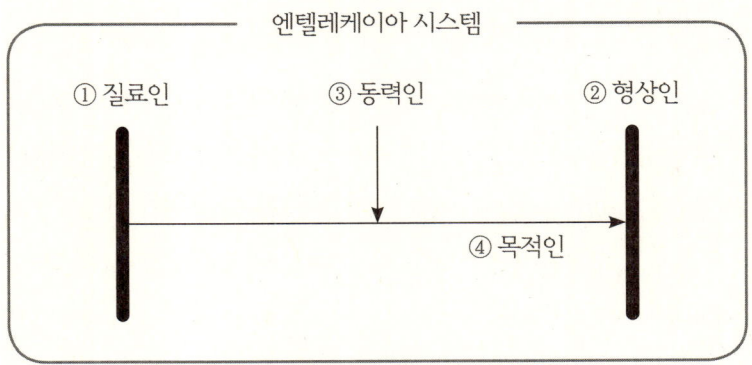

<그림 2·2> 4요인설의 엔텔레케이아 시스템

---

22 한석환, 『존재와 언어: 아리스토텔레스의 존재론』(서울: 도서출판 길, 2005), 262쪽.

23 D. A. Jacobsen, *Philosophy in Classroom Teaching: Bridging the Gap* (Upper Saddle River: Merill an Imprint of Prentice Hall, 1999), p. 85.

위 〈그림 2·2〉의 골자만 짚어보자. 우선 ①에서 ②로 발달해 나아가는 것은 이 시스템의 가장 기본적인 전제이다. 즉 이것은 항상 ①은 ②를 그리워하고, ②는 ①을 보고 자신에게로 달려오라 손짓하는 구조이다. 이런 구조는 누가 그렇게 하라고 시켜서 그렇게 하는 것이 아니라 구조상 그 자체가 스스로 그렇게 하는 것으로 되어 있기에 이것은 ①과 ②의 본성적 작용이다.

이것이 이른바 ④의 운동성이다. 하지만 ④와 같은 그런 운동의 과정에는 구조상 ③의 도움을 필연적으로 수반하게 된다. 그런 ③이 위에서 비유로 들었던 목수이자 도공이요 교사인 것이다. 그래서 이들은 모두 ①과 ② 사이에서 ④와 같은 운동 과정에 반드시 끼어들어 무언가를 수행해내는 개입자·매개자·중재자의 역할을 담당하는 사잇[間]-존재로 자리한다. 하지만 아리스토텔레스는 무엇보다도 ①, ②, ③, ④의 네 가지 중에서 목적이자 완성으로서의 ②를 더욱 강조한다. 그렇기 때문에 위 시스템의 중심은 항상 형상인으로서의 ②에 위치하고 있으며 이것이 바로 엔텔레케이아인 것이다. 그런데 우리가 여기서 유념해야 할 사항이 있다. 위 시스템에서 협의로 말하면 ②만을 보고 흔히 엔텔레케이아라고 한다. 하지만 광의로 보면, 엔텔레케이아는 ①, ②, ③, ④의 네 가지를 다 포함한 것으로 위 그림의 테두리선 안에 모두 하나로 연결되어 있으면서 작동하는 구조적이고 역동적인 시스템 전체를 말하기도 한다.

나는 위에서 굳이 영문을 드러내면서까지 아리스토텔레스의 신념을 강조한 바 있다. 이를 다시 보면 알 수 있듯이 거기에는 **발달(development)**과 **과정(process)**이 선명하게 굵은 글씨체로 되어 있다. 이 대목은 아리스토텔레스의 철학을 교육의 지평으로 한층 확장시키는 도화선이 된다. 현대 교육심리학의 연구 성과를 보면 대략 감이 잡히지만, 인간이 단계적으로 발달해 나간다는 것은 이제 거의 정설에 가깝다. 이런 발달론을 시원적으로 말한 인물이 바로 아리스토텔레스라는 점이다. 다만, 한 가지 아쉬운 것은 '그럼 도대체 인간이 어떻게 구체적으로 발달해 나간다는 것인가'에 대한 그의 체계적인 해명이 없다는 점이다. 그래도 우리가 여기서 놓치지 말아야 할 중요한 점이 있다. '인간이란 모두 다 질료에서 형상으로 발달해나가는 과정에 있다.' 이것이야말로 그가 바라보는 질료-형상 이론의 대전제이다. 이러한 관점에서 볼 때, 교육이란 모든 학생들이 발달해 나아가는데, 즉 질료에서 형상으로 나아가는데 교사가 직·간접적으로 관여하는 모든 활동이라는 점이다. 바로 이런 점 때문에 아리스토텔레스의 질료-형상 가설은 매우 중요한 교육적 메시지를 그 자체 논리 구조 속에 이미 간직하고 있었던 것이리라. 그럼 교사가 교육에서 과연 왜 그리고 어떻게 ③의 위치에 있어야 하는가. 이것을 다시 소상하게 밝혀주는 것은 이제 식상한 일이 되어버렸다. 왜냐하면 〈질료-형상 가설에 대한 도공과 목수의 교육적 비유〉를 통하여 김진희 학생이 이야기 하고자 하는 핵심 내용을 우리가 그 행간에서 이미 다 간취해 두었기 때문이다.

4. 아이들을 행복하게 해주라

우리나라 학생들은 대부분 행복하지 않다고 말한다. 실제로 행복지수에 관한 국제비교 조사결과를 보면 우리나라가 꼴찌이거나 하위권에 항상 있다. 왜 우리나라가 이 모양인가. 물론 이것에는 다양한 요인들이 복합적으로 작용해서 그러할 것이다. 이 시점에서 우리는 아리스토텔레스의 교육에 대한 목적의 논급에서 아주 벗어나 있는 우리교육의 현실에서 그 불행의 원인을 찾을 수도 있을 것이다. 아래 내용은 삶의

의미와 교육의 목적을 아리스토텔레스의 시각으로 보여주는 아주 적실한 대목이다:

▣ 원문
● The meaning of human life in Aristotelian terms is the pursuit of happiness. ● **Happiness** is defined as the fulfillment of all human potentiality, especially the power and quality of reason. ● Aristotle said that the purpose of education is to cultivate, to develop, and to exercise each child's potentiality to be fully human.[24]

▣ 번역문
● 아리스토텔레스식으로 말하자면 인간 삶의 의미는 행복 추구인 것이다. ● 인간이 각각 지니고 있는 모든 잠재력의 완전한 실현으로 **행복**을 정의하는데, 특히 인간 개개인이 가지는 이성의 힘과 질로서 **행복**을 정의한다. ● 아리스토텔레스는 교육의 목적이란 아동의 잠재력이 완벽하게 피어난 인간이 되도록 아동을 도야시키고, 발달시키고, 연습시키는 것이라고 말했다.

인간은 누구나 행복추구권을 갖는다. 우리 아이들은 많은 학생들이 자신을 불행하다고 느끼고 있다. 학생들이 이렇게 느끼고 있는 것은

---

24 G. L. Gutek, *op. cit.*, 2011, p. 58.

그들이 행복하지 않기 때문이다. 이것을 아리스토텔레스식으로 말하면 우리 학교가 아이들의 잠재력을 완벽하게 실현시켜 주는 곳이 아니기 때문에 그들이 불행하다고 말하는 것이다. 그럼 이것을 고치는 치료법은 무엇인가? 우리 아이들의 불행을 행복으로 바꾸어주는 아리스토텔레스식의 해법은 교사가 아이들의 잠재성[질료(potentiality=matter)]을 제대로 진단하여 그들의 잠재력이 만개[형상(fulfillment=the full realization of form-giving cause)] 하도록 교사가 교육적으로 그들을 '도와주는 것[to cultivate, to develop, and to exercise]'이다. 그러면 우리 아이들은 행복해질 것이다. 이것이 아이들의 불행에 대처하는 아리스토텔레스식의 행복 처방전인 셈이다.

　　지금 교육에서 가장 기본이라고 할 수 있는 위와 같은 삶의 의미와 교육의 목적을 제대로 구현하는데 우리교육은 상당 부분 실패하고 있다. 그렇기 때문에 우리 아이들이 불행하지는 않은지 진지하게 다시 따져 보아야 한다. 그러므로 훌륭한 목수와 도공이 가지고 있는 솜씨와 에너지를 교사도 동시에 지니고 있어야 한다. 이때 솜씨는 교사가 갖고 있는 질이 높은 전문성이요, 에너지는 아이들에 대한 교사의 애정 어린 열정이다. 교사가 탁월한 전문성과 뜨거운 열정을 소유하고 아이들을 교육시킨다고 할 때, 아이들은 더 이상 불행해 하지는 않을 것이다.

　　우리들의 질료는 형상을 그리워하고, 형상은 질료를 부른다, 우리들에게 어서 달려오라고 말이다. 이것만이 교사가 반드시 알고 있어야 하는 엔텔레케이아 이론의 숨겨진 진실이다. 교사들이여! 아이들을 행복하게 해주고 싶은가. 그렇다면 여러분은 아이들의 질료가 형상으로 나아가는 과정에 아주 치밀하게 파고들어가서 탁월한 '③ **동력인 또는 작동인**'의 교사가 되어라! 그것만이 여러분의 여러분에 의한 여러분을 위한 <u>존재론적인 구원</u>이 되리라.

• 존재론적인 구원
교육자가 아이들을 가르치며 느낄 수 있는 가장 본질적인 만족감

3장

율곡의 몸공부법*

*문명에 대항하는 비결은
당신 자신이 문명이 되는 것이다.*[1]

---

* 이 글은 「율곡 몸공부법의 교육적 재음미: 『격몽요결(擊蒙要訣)』의 〈입지장(立志章)〉과 〈지신장(持身章)〉을 중심으로」, 『율곡학연구』 제33집, 2016, 7-27쪽에 실려 있다.
1 김수영, 『김수영 전집: 시 1』(서울: 민음사, 2011), 173쪽. 〈미스터 리에게〉(1959) 중에서 발췌했다.

1. 지금 다시 공부를 성찰하라

우리는 지금 우리 스스로 문명화하고 있는가? 이렇게 물어볼 참이다. 그런 다음 아래 〈예시 3·1, 3·2〉 텍스트를 별견(瞥見)해보자. 이 텍스트는 초등학교 5학년 아이들이 쓴 것이다. 그들에게 공부를 왜 하느냐고 물었더니 그에 대한 대답이 아래와 같았다.

〈예시 3·1〉 초등학생1: 이 아이가 바라보는 공부 세계

> 여러분은 공부를 왜 한다고 생각하는가?
> (자신의 생각을 꾸밈없이 솔직하게 써 보세요.)
>
> 그냥 꿈을 이루려고, 아빠가 공부하라고 해서
> 학교는 그냥 기본적으로 다녀야 되고
> 학원은 아빠가 말해주었는데 학원을 다녀야 꿈이룬다고 그냥 다니고 있다.

〈예시 3·2〉 초등학생2: 이 아이가 바라보는 공부 세계

> 여러분은 공부를 왜 한다고 생각하는가?
> (자신의 생각을 꾸밈없이 솔직하게 써 보세요.)
>
> 나중에 나는 지금의 장래희망과는 다른 꿈을 가질수도 있다, 선생님, 의사 등등 어떤 꿈을 갖든 공부를 잘해야 한다고 생각한다. 지금은 연예인이 되고 싶지만 언젠가 바뀔지 모르기 때문에 더욱 공부에 대한 욕심이 나서 지금까지 시험 볼 때도 괜히 긴장되고 1점이라도 떨어지거나 1개, 반개 문제를 틀려도 심술이 나고 누가 나보다 더 잘한다는 소리를 들으면 열등감이 생겨서 더 경쟁이 되었다. 또 공부를 잘하면 부모님께 칭찬을 받기도 해 기분이 좋아서 더 공부를 잘하려 했던것 같다.

이들의 공통점은 꿈을 이루기 위하여 공부한다는 것이다. 이것이 오늘날 공부를 둘러싼 의미의 지층일 가능성이 있다. 그런데 그러한 공부가 과연 전통에서 그리려고 했던 공부의 모습일까. 일단 아니라고 하면 전통 공부는 어떤 모습이었을까. 저와 같은 아이들의 생각이 전통에서의 공부 모습이 아니라면 오늘날과 전통 사이에는 공부를 둘러싼 의미의 지층에서 불일치 현상이 생긴다. 하지만 전통 공부라고 하면 너무 막연하여 갈피를 잡기 어렵다. 그래서 어떤 한정이 필요하다. 이때 율곡(1536~1584)의 『격몽요결』 중에 〈입지장〉과 〈지신장〉으로 한정하고, 율곡의 목소리로 구용(九容)과 구사(九思) 공부의 소식을 들어보자. 이것은 율곡의 사유 라인을 따라가면서 그가 그리려고 했던 몸의 공부를 다시 읽고, 현대적으로 재음미하는 것이다. 그러면서 현행 공부 모습의 왜상(歪象·anamorphosis)을 비판하고, 반성하고, 성찰하는 기회를 제공할 것이다.

2. 율곡의 학문 디자인

율곡은 그의 나이 42세에 『격몽요결』(1577)이라는 책을 해주 석담에서 지었다. 이 책 머리말[序]에서 그는 "사람이 이 세상에 태어나서 학문하지 않으면 사람이 될 수 없다"[2]고 선언한다. 〈예시 3·1, 3·2〉의 두 어린이를 포함하여 우리 모두 다 사람이다. 그렇지만 학문을 하지 않으면 우리들은 모두 사람이 될 수 없다. 이때 학문이란 무엇일까. 오늘

---

2   『격몽요결』「서」 人生斯世 非學問 無以爲人

날 우리들이 머릿속에서 그리는 그런 '학문'³일까. 율곡의 맥락에서 읽을 때 학문이란 무엇이란 말인가? 우선 알아야 할 것이 이때 학문은 오늘날의 학문(scientia)과 아무런 관련이 없다는 점이다. 한자 성구로서의 학-문은 학(學)과 문(問)의 결합어다. 즉 그것은 우리말로 풀면 배움(學·Learning)과 물음(問·Questioning)의 합성체인 것이다. 이를 다시 반복하면 학문은 배움과 물음이다. 이를 의문문의 형식으로 바꾸어보자. '① 우리는 왜 배워야 합니까?', '② 우리는 무엇을 배워야 합니까?', '③ 우리는 어떻게 배워야 합니까?'⁴ 이러한 '왜'와 '무엇' 및 '어떻게'에 대한 배움[學]과 물음[問]을 성학(聖學)의 축 안에서 배우고 익혀야 그가 학문하는 것이고 그렇게 해야만 사람이 된다. 이것이 학-문(Learning-Questioning)을 바라보는 율곡의 시선일 것이다. 그런데 오늘날 우리 아이들은 어떠한가? 그들에게는 율곡식의 배움과 물음, 즉 학(學)-문

---

3 학문을 바라보는 선-이해에는 고도로 체계화된 분야별 지식체계이거나 전문 학자들이 연구하는 그들만의 영역이지 일반인들이 다루는 것이 아니라는 생각이 깔려 있다. 그러나 조선시대 우리 선조들은 이렇게 학문을 생각하지 않았다는 것인데, 당연히 율곡도 마찬가지다.

4 이러한 ①②③은 '2W1H'의 체계이다. 그런데 ①②③은 다음과 같이 바뀔 수도 있다. ① 우리는 왜 성인(聖人)이 되어야 합니까? ② 우리는 성인이 되기 위하여 무엇을 배워야 합니까? ③ 우리가 성인이 되기 위하여 어떻게 배워야 합니까? 이 경우에 ①이 학문의 목적을 다루고, ②③이 학문의 내용과 방법을 다룬다. 요컨대 ①이 뜻세움[立志]와 관련되며, ②③은 ①을 달성하기 위한 내용과 방법으로서의 구용과 구사인 것이다. 이러한 체계는 현대교육에서 찾아보기 매우 어려울 뿐만 아니라 현대교육에서 놓치고 있는 유가 전통의 교학(教學) 장치인 것이다. 이 지점이 바로 현대교육 패러다임과 유가 패러다임이 결정적으로 차이 나게 하는 곳이다. 현대 공부와 율곡이 지향하는 공부는 존재론적으로 결별한다. 오늘날 공부가 개인의 학업 성취를 강조하고 있다면, 율곡이 지향하는 공부는 그런 공부가 아니라 인간이 인간으로서의 '존재론적인 질(ontological quality)'을 공부를 통하여 끌어올리려는 것을 기획한 점이다. 따라서 현대 공부와 율곡의 공부 사이에는 그 목적이 근본적으로 다르다.

(問)이 없다. 그러니 <예시 3·2>의 아이와 같이 대다수 아이들이 학교와 학원을 오고갈 뿐이다.

율곡도 당시 <예시 3·2>와 같은 아이들을 보았을 것이다. 그래서 작심하고 지은 책이 『격몽요결』일 가능성이 크다. 왜냐하면 격몽 그 자체가 '무지몽매한 아이들[蒙]'을 '깨우친다[擊]'는 뜻이기에 그러하다.[5] 요결(要訣)은 오늘날로 말하면 효과적인 팁 정도 되겠다.[6] 그런데 율곡은 학문의 시발점을 매우 중요하게 생각하는데, 이것이 그가 학문을 바라보는 입각점이다.

① 처음 배우는 사람은 먼저 뜻을 세워야 한다. ② 반드시 성인(聖人)이 되겠다고 당연히 결심해야 한다. ③ 털끝만치라도 스스로 가볍게 여기면서 주저하고 핑계만 대는 생각을 갖지 말라. ④ 대개 뭇사람과 성인은 그 본성이 같다. ⑤ 비록 기질은 맑음·흐림·순수함·잡박함의 구별이 있지만 참되게 알고 실천할 수 있도록 하라. ⑥ 그 옛날의 물듦을 제거하고 그 본성의 근원을 회복하면 털끝만큼을 더하지 않아도 온갖 선이 넉넉하게 갖추어질 것이다. ⑦ 뭇사람은 어찌 성인이 될 수 없다고 여전히 결심하려 하는가?[7]

---

5 『주역』<몽괘·䷃>. 상괘[☶]는 산이요, 하괘[☵]는 물이다. 산속에 물이 갇혀 있어 어둡고 깜깜하다. 이것이 산수몽(山水蒙)의 괘상 이미지다. 이런 상태를 외부에서 의도적으로 깨우쳐 주는 것이 격몽(擊蒙)인 셈이다.

6 고려대학교 민족문화연구원(편), 『한국어대사전』(서울: 고려대학교, 2011), 5684쪽. 이때 '팁이란 어떤 일에 대한 유용한 정보나 충고'를 말한다.

7 『격몽요결』「입지장」. ① 初學 先須立志 ② 必以聖人自期 ③ 不可有一毫自小退託之念 ④ 蓋衆人與聖人 其本性則一也 ⑤ 雖氣質不能無淸濁粹駁之異而苟能眞知實踐 ⑥ 去其舊染而復其性初則不增毫末而萬善具足矣 ⑦ 衆人豈可不以聖人自期乎

위 율곡의 논급을 정밀하게 다시 보자. "사람이 이 세상에 태어나서 학문하지 않으면 사람이 될 수 없다." 이 선언에서 사람이 두 번 나온다. 앞에 나온 사람은 생물학적 존재로서의 사람을 말한다. 반면 뒤에 나온 사람은 무엇이란 말인가. 이에 대한 답이 위 인용문 ②다. 율곡의 원음대로 그의 선언문을 다시 고쳐보자. "사람이 이 세상에 태어나서 학문하지 않으면 성인(聖人)이 될 수 없다." 이 문장에서 율곡이 말하려고 하는 최종 심급은 학문의 목표가 성인에 있다는 점이다.[8] 학문의 목표설정을 성인에 두어라. 이것이 이른바 ①이다. 여기서 ①이 뜻세움[立志]인데, 이는 <예시 3·1, 3·2>에 나오는 아이들이 세속적 열망으로 자신의 꿈을 갖는 일과 사뭇 다른 것이다. 따라서 뜻세움은 인간이 인간으로서만이 가질 수 있는 존재론적인 선구적 결단이다. 이런 결단은 생존의 문제가 아니라 실존의 문제일 뿐이다. 인간에게 생존도 매우 중요하다. 그러나 그게 다 일 수 없다. 생존 너머의 실존으로 인간이 나아가지 않으면 인간은 존재론적인 타락과 존재의 세속화를 피하기 어렵다.[9] 이 지점을 염려한 나머지 율곡은 그렇게 뜻세움을 강조한 것이겠다. ③은 성인이 될 수 없다고 핑계대지 말라는 뜻이다. ④와 ⑤는 율곡철학의 핵심 명제인 리통기국(理通氣局)을 천명하는 자리다. 인간에게 본성으로서의 리는 모두 같다[理通]. 그렇지만 기질에 의하여 인간은 각자 차이가

---

8 이때 '성인(聖人)'이란 '인간이 인간으로서 보여줄 수 있는 이상적인 모습(ideal type)이자 이를 현실적으로 구현한 자'이다. 율곡식으로 말하자면 '성인(聖人)이란 자신이 몸과 마음을 잘 기율하여 자신의 본연지성을 자유자재로 발휘하면서 자신의 기질지성을 완벽하게 교정할 수 있는 자'이다.

9 여기서 사용하는 존재론적인 타락과 존재자의 타락은 엄연히 다르다. 존재론적인 타락은 실존론적으로 보았을 때 인간이 생존만을 지나치게 갈구하면 존재의 품위와 격조가 떨어진다는 뜻이다. 반면 존재자의 타락은 범죄를 저지르거나 마약을 하는 등 그런 일탈적 행동을 말한다.

난다[氣局]. ⑥은 그런 기질을 학문을 통해서 교정하라는 뜻이다[矯氣質]. 마지막으로 ⑦은 누구나 모두 다 성인이 될 수 있다는 믿음을 갖도록 율곡이 다시 한 번 더 경책하는 것이다.

이런 율곡의 시선으로 보면 오늘날 우리들이 하고 있는 학문의 모습은 초라하기 그지없다. 율곡식의 뜻세움[立志]은 고사하고 아무 생각 없이 〈예시 3·2〉의 아이처럼 학교와 학원을 전전하는 것은 분명 정상적인 모습은 아니다. 이러한 현실적 난국에서 어떻게 하면 우리가 성인이 될 수 있을까? 이에 대한 율곡의 대답은 너무나 간명하다. "두려움 없이 씩씩하게 공부하라! 그러한 후에 성취할 수 있을 것이다."¹⁰

3. 다시 평가하는 몸공부

율곡이 아이들을 성인됨으로 유도하기 위하여 구용과 구사의 몸공부를 강조한 것은 현대적 관점에서 보면 율곡의 인문정신을 엿볼 수 있는 대목이다. 인문(人文)이란 무엇인가? 그것은 사람[人]의 무늬[文]가 아니던가. "무늬[文]의 밝음[明]으로 사는 것이 사람[人]의 무늬[文]다."¹¹ 즉 '문명으로 사는 것이 인문이다." 문명이 무늬의 밝음이라면 이

---

10 『격몽요결』「지신장」 勇下工夫 然後能有所成就
11 『주역』〈비괘·䷕〉. 文明以止人文也 이 괘의 상징적 이미지는 이러하다: "산 아래 불이 있으니 비다(象曰 山下有火賁)." 이것만으로는 비괘의 상징적 의미를 간취하기 어렵다. 보다 쉽게 이해하기 위해서는 산을 가을 산으로 불을 단풍으로 보아도 좋다. 산 아래 가을 단풍으로 산이 붉다. 얼마나 아름다울까 짐작할 수 있다. 이것이 '산하유화(山下有火)'다. 이렇게 '화려하게 장식함', 이것이 이른바 '비(賁)'다. 여기서 동양의 '인문'이 유래한다. 사람들이 자신을 아름답고

와 반대로 무늬의 어두움도 있을 수 있다. 이를 문암(文暗)이라 부르자. 이런 문암이 바로 인간이 무지몽매한 상태에 처해 있음이다. 이를 비유적으로 표현해 놓은 것이 '몽(蒙)'인데, 이것으로부터 인간이 벗어나도록 개발해 놓은 장치가 이른바 문화와 제도로 이것이 곧 '격몽(擊蒙)'이다.[12] 이를 다시 요약해보자. 문암은 곧 몽이다. '문암 = 몽'으로 말이다. 문명은 곧 격몽이다. '문명 = 격몽'으로 말이다. 결국 인문이란 '●'에서 'O'으로 나아가는 과정이다.[13] 즉 '●' ➜ 'O'이 인문인 것이다. 이때 '●'에다 '문암 = 몽'을 'O'에다 '문명 = 격몽'을 대입해놓자. 그러면 이렇게 된다. ⟨'●' ➜ 'O'⟩ ≡ ⟨'문암 = 몽' ➜ '문명 = 격몽'⟩과 같이 말이다. 이와 같은 과정, 즉 '●' ➜ 'O'를 빌둥(Bildung)이라 볼 수 있다.[14] 그런데 빌둥이란 개념은 너무나 많은 의미체로 되어 있다. 그것은 빌둥이 매우 다의적이며 중층적이라는 뜻이겠다. 이제 어원에 대한 분석으로 들어가

훌륭하게 꾸며놓은 것이 인문의 원래 뜻이다. 인문이란 『주역』의 비괘로 보면 존재의 화장술(華藏術)이다. 범인을 아름답고 훌륭하게 꾸며 성인으로 만드는 것을 인문정신으로 볼 수 있다.

12 무지몽매한 인간을 대상으로 그들을 문명인으로 가꾸어가는 작업이 격몽이다. 이러한 격몽은 대표적인 유가 인문 프로젝트다. 그 가운데 율곡이 주창하는 구용과 구사도 자신의 몸의 무늬를 직조하는 인문 활동인 것이다. 이러한 인문정신은 오늘날 도구적 합리성에 매몰되어 있는 현대교육 패러다임에 일종의 경고음을 내보낸다.

13 이때 '●'는 '어둠의 세계'를 상징하고, 'O'는 '밝음의 세계'를 상징한다. 즉 '●'는 문명화되기 '전'을 'O'는 문명화된 '후'를 뜻한다.

14 빌둥은 우리말로 번역할 수 없는 개념이다. 이 말은 '<u>교양, 교육, 형성, 도야, 훈련, 수양, 예절, 문화, 문명</u>' 등으로 그 스펙트럼이 너무나 넓다. 만일 이를 어떤 것으로 번역해 놓으면 그 의미에 고착되어 빌둥의 본래 풍요로운 의미의 층을 놓칠 수 있다. 이런 점 때문에 빌둥을 번역하지 않고 그대로 쓴다. 무엇보다도 중요한 점은 여기서 빌둥이라고 쓸 때 위의 '밑줄 친 내용'을 모두 다 포함하는 개념으로 빌둥을 쓴다는 것이다.

자. 빌둥은 '어떤 모양'을 뜻하는 명사의 '빌트(Bild)'와 그것의 동명사를 만드는 접미사인 '~둥(~ung)'의 합성어다. 이때 '~둥(~ung)'은 '~'에 들어오는 명사의 '동작'과 '행위'를 나타낸다. 이를 토대로 다시 보면 빌둥은 '어떤 모양'을 만들어내는 '동작'이나 '행위'로 볼 수 있다. 율곡은 그가 학문과 공부를 통하여 최종 달성해야 할 '어떤 모양'인 '빌트(Bild)'를 미리 세우고 시작한다. 그 '빌트'가 바로 '성인'이다. 이에 따라 '성인'을 달성하기 위한 '동작'이나 '행위'를 면밀하게 구상한다. 즉 그는 여러 '~둥(~ung)'을 고안한다. 이것이 구용과 구사다. 따라서 구용과 구사는 과거 인류 역사상 무수하게 등장했던 빌둥 프로그램 중에서 율곡만의 독자적인 인문 프로그램인 것이다. 왜냐하면 이를 공자식으로 말하면 문질빈빈(文質彬彬)이기 때문이다.[15] 구용과 구사를 몸에 익힌 사람은 '아름다운 외관[文]'과 그것의 '바탕이 되는 내용[質]'이 빛나고[彬] 또 빛난다[彬]. 율곡이 구용과 구사를 제시할 때 이런 효과를 염두에 두었다고 보아야 한다. 그러니 구용과 구사를 자신의 몸속에 탑재하고 사는 사람과 그렇지 않은 사람 사이에는 인문의 질서가 분명 다를 것이다.

　물론 구용과 구사는 율곡의 순수 창작이 아니다. 『논어』와 『예기』에서 율곡이 이것들을 가져왔지만, 율곡은 그것들을 가지고 자신의 이론 속에서 다시 용해시킨다. 이 지점이 율곡이 구용과 구사를 바라보는 차별성이다. 그런데 문제는 구용과 구사를 어떻게 내 몸에 탑재할 것인가이다. 율곡은 그의 철학에서 교기질(矯氣質)을 매우 강조한다. 학문과 공부를 통하여 자신의 기질지성을 교정하라. 이것은 주지의 사실이다. 그런데 이를 현대적 관점에서 바라보면 습관형성의 차원으로 율곡의 교기질을 재평가할 수 있을 것이다. "인간의 타고난 본성은 서로 가

---

15 『논어』「옹야」.

• 라베쏭
근대 프랑스 철학자로 26세에 쓴 36쪽 짜리『습관에 대하여』라는 박사논문으로 유명하다.

깝다. 그러나 각자 습관에 의해 그 본성은 서로 멀어진다."[16] 율곡은 인간의 본성이란 선천적으로 결정되는 것이 아니라 인간의 후천적인 노력으로 얼마든지 바꿀 수 있다는 낙관적 전망 위에 서 있다. 그가 그토록 구용과 구사를 강조하는 것은 이런 그의 신념과 무관하지 않다. *라베쏭*은 습관이 본성을 주조한다고 주장한다.[17] 그러면서 인간의 본성에는 두 가지가 있다고 그는 말한다. 하나는 타고난 본성인데, 이것은 제1의 본성이다. 다른 하나는 만들어지는 본성인데, 이것이 제2의 본성인 습관이다.[18] 그러면서 라베쏭은 이렇게 말한다. "습관은 의지적 운동을 본능적 운동으로 변형한다."[19] 이 말의 뜻은 습관이 처음에는 의지에서 출발하지만 나중에는 습관이 본능이 된다는 것이다. 라베쏭에게 습관이란 연속과 반복에 의해 존재에게 생겨난 변화의 소질이다.[20]

　이러한 라베쏭의 생각은 만들어지는 본성을 그가 주목하고 있다는 점인데, 이는 율곡이 생각하는 교기질의 명제와 크게 다르지 않다. 그러나 여기서 주의할 점이 있다. 라베쏭에게는 습관이 본성을 만든다고 하지만 그 본성이 성인을 만들기 위한 기획은 아니다. 이 지점에서 율곡은 라베쏭과 멀어진다. 하여간 율곡에게 구용과 구사의 몸공부란 역경(力耕)하는 일이다. 구용과 구사는 체화의 그날까지 오로지 역경하고 또

---

16 『논어』「양화」 性相近也 習相遠也
17 라베쏭,『습관에 대하여』(서울: 자유문고, 2016).
18 위의 책, 122쪽. 아리스토텔레스도『니코마코스 윤리학』에서 동일한 맥락의 이야기를 한다. "어떤 마음가짐이 되느냐 하는 것은 행동의 성격에 좌우되기 때문이다. 따라서 우리가 아주 어릴 때부터 어떤 습관을 들이느냐에 따라 사소한 차이가 아니라 큰 차이가, 아니 모든 차이가 생겨나는 것이다."(Aristotle, *The Nicomachean Ethics*(Oxford: Oxford University Press, 2009), p. 24; 천병희 옮김,『니코마코스 윤리학』(파주: 숲, 2015), 64쪽.)
19 위의 책, 122쪽.
20 위의 책, 72쪽.

역경하는, 즉 온힘을 다하여 애쓰고 또 애쓰는 그런 일이 될 것이다.

4. 남은 과제

율곡에게 '공부'[21]란 학문하는 방법론이자 프로그램이다. 이것을 율곡은 구용과 구사에서 찾았다. 구용과 구사는 오로지 우리들의 몸을 위한 공부다. 이 맥락에서 몸은 단순히 우리들의 신체만을 말하는 것이 아니라 마음이 동승한 신체로서의 몸을 말한다. 그러므로 '몸'공부에서의 '몸'은 '몸[身]'과 '마음[心]'의 연합체 또는 결합체로서의 '몸'인 것이다. 율곡이 말하는 지'신'(持'身')에서 '신(身)'이 바로 그런 '몸'이다. 지신에서 '지(持)'는 '~가짐(keeping)'을 뜻한다. 이런 감각을 유지하면서 '지신'을 현대적으로 풀면 '몸가짐' 내지 '마음가짐'이 되겠다. 따라서 우리들의 몸가짐과 마음가짐을 어떻게 해야 하는지 구체적으로 다루는 것이 구용이자 구사다. 여기서 구용과 구사는 몸을 위해 둘이 서로 연대하는 공속성(共屬性·consistance)을 갖는다. 성인으로 가기 위한 최소한의 몸가짐과 마음가짐을 율곡은 이렇게 구용과 구사로 포장했다. 그러니 율곡에게 몸공부란 구용과 구사로 몸과 마음을 갈고 닦아 성인(聖人)

---

[21] 여기서 공부(工夫)를 오늘날 아이들이 학교나 학원에서 행하는 각종 일로 파악하면 절대 안 된다. 그리고 또 하나 사전상의 공부도 결코 아니다. 이때 '학문이나 기술 등을 배우고 익힘'이 사전상의 공부다.(고려대학교 민족문화연구원(편), 『한국어대사전』(서울: 고려대학교, 2011), 546쪽.) 오늘날의 이런 공부를 율곡은 단 한 번도 말한 적이 없다. 율곡이 그리는 공부는 오로지 성인됨을 위한 배움[爲聖之學], 즉 줄여서 성학(聖學)이다. 따라서 율곡이 말하는 학문(學問)의 아포리아는 성인됨(sagehood)을 지향 시선할 뿐이다.

이 되고자 하는 노력이다. 다만, 몸공부와 마음공부가 서로 호환하는 개념임에도 불구하고 여기서 몸공부로 쓰는 것은 이런 연유 때문이다. 실제 율곡은 『소학집주』의 편찬 과정을 통하여 마음공부보다는 몸공부에다 강조의 방점을 찍어두었다. 만약 우리가 이런 몸공부를 한다면 어떻게 해야 할까? 그것은 온몸으로 하는 것이다. 이를 김수영식으로 말해보자. "……<몸>으로 하는 것이다. ……온몸으로 동시에 밀고 나가는 것이다. ……이 말은 곧 온몸으로 바로 온몸으로 밀고 나가는 것이 된다." [22] 그런데 그 방법들이 하나가 아닌 여럿의 형태를 띠면서 법(acts)을 형성한다. 이런 점 때문에 몸공부'법'이다. 즉 몸공부가 단수라면 몸공부법은 복수로서 여럿이 모여 하나가 되는 갈래길들이다. 구용과 구사라는 두 종류가 합쳐서 총 열여덟 가지가 되는 것 같이 말이다. 율곡이 기획한 구용과 구사는 우리들에게 전통임에 틀림없다. 그러나 요즈음 <예시 3·1, 3·2>에 등장하는 아이들에게 구용과 구사는 그저 도덕시간에 잠깐 글로 그것들을 읽고 지나가는 것이 되어버렸다. 그들에게 지금 구용과 구사는 아득한 옛날의 지루한 이야기에 불과할 뿐이다. 구용과 구사를 아예 모르고 살아가는 아이들도 상당수다.

"전통은 아무리 더러운 전통이라도 좋다."[23] 이렇게 전통을 바라보는 광신적 파시즘은 오늘날 경계의 대상이다. 전통은 현재를 미래로 파송하는 전미래의 시간이다. 이렇게 전통을 정돈하면, 과거의 유산 모두가 전통이 되는 것이 아니라 현재 우리 삶에 의미를 제공하고 동시에 미래의 자산으로 자리할 때 그것이 전통이 되는 것이다. 그런데 전통은

---

22 김수영, 『김수영 전집: 산문 2』(서울: 민음사, 2004), 398쪽. <시여, 침을 뱉어라>(1968) 중에서 발췌했다.

23 김수영, 『김수영 전집: 시 1』(서울: 민음사, 2011), 286쪽. <거대한 뿌리>(1964) 중에서 발췌했다.

'문화적 유전자(meme)'와 같아서 선대가 후대에게 전해주고 후대는 이를 계승하여 발전시키지 못하면 소멸하는 속성을 가지고 있다.[24] 이렇게 본다면 구용과 구사도 그리 안전하지 못하다.

"전통이 말을 걸어오게 하라."[25] 이것은 전통이 우리를 호명하고 우리가 전통에 소명하는 구조를 말한다. 이때 호명은 우리가 전통을 전승하는 일을 말하고, 소명은 우리가 전통을 창조하는 것을 말한다. 이럴 때 구용과 구사는 문화적 유전자로 긴 생명력을 유지할 수 있다. 율곡이 제시한 몸공부로서의 구용과 구사는 절대로 철지난 담론이 아니다. 담론의 유통기한을 표기하라면 그것은 아직도 유효한 것이다. 지금 우리에게 필요한 것은 전통과 현대의 결별이 아니라 전통과 현대의 줄탁(啐啄)이다. 율곡이 구용과 구사를 통하여 보고자 했던 '정신의 눈(mentis oculis)'을 우리는 보아야 한다. '누구나 다 성인이 될 수 있다네. 자신의 타고난 기질만 잘 다스린다면 말이네.' "공부 왜 하니?"라고 물었을 때 "성인이 되려고요"라고 아이들이 대답하는 그날까지 왜곡된 공부로 "아픈 몸이 아프지 않을 때까지 가자."[26] 이제 율곡의 몸공부는 사멸해 가는 담론이다. 이를 되살리려면 법고(法古)이자 쇄신(刷新)만이 길이다. 율곡의 공부를 법으로 삼아 오늘날의 공부를 쇄신하는 그런 길 말이다. 그래서 율곡은 말한다. "책임은 무겁고 갈 길은 멀다. 반드시 의지를 사령관으로 삼아야 하리라."[27]

• 문화적 유전자
리처드 도킨스가 『이기적 유전자』라는 책에서 제안한 개념으로 밈이라 한다. 이때 밈은 선대가 후대에게 전하는 문화 전송의 단위체를 말한다.

---

24 Richard Dawkins, *The Selfish Gene* (Oxford: Oxford University Press, 2016), p. 249.
25 Hans-Georg Gadamer, *Truth and Method* (London: Bloomsbury, 2013), p. 294.
26 김수영. 앞의 책, 243쪽. <아픈 몸이>(1961) 중에서 발췌했다.
27 『율곡전서』「권일」<지야서회>. 任重且道遠 要以志爲帥

4장

율곡의 구용법*

행동은 마음의 깃발[旗]이고 말은 마음의 북[鼓]이다.
—다산

표정은 감정의 꽃이며, 말이란 표정(용모)의 기틀이다.
몸이 감정을 드러내지만 마음 안에서 이루어진다.
말씨는 몸의 무늬이다.
—『국어』「진어」

---

* 이 글은 「유가 몸공부법의 존재 위상: 『격몽요결』의 구용법을 중심으로」, 『교육사상연구』, 제24권 제3호, 2010, 139-153쪽에 실려 있다.

1. 우리 아이들의 일상

우선 다음과 같은 실화 두 대목을 먼저 접하고 들어가자. 아래 예화는 서로 상반되는 것으로 요즈음 아이들의 극과 극인 모습을 극명하게 드러낸다. 이런 예화는 단순한 예화 수준을 넘어서서 아이들의 일상이라는 맥락을 우리들에게 일러준다.

〈예화 4·1〉 아이들의 서로 상반된 두 모습
#1 공수법으로 인사하는 아이
어느 날 오전 8시 30분 무렵이었다. 아파트 광장을 지나고 있는데 대략 3학년 정도쯤 되는 남자아이가 나에게로 걸어오는 것이 보였다. 그런데 그 아이는 나를 보자 공수를 한 채 "안녕하십니까?"라고 인사를 하는 것이었다. 나는 순간 멈칫했다. 그래서 얼떨결에 그 아이의 등을 치며 "음, 그래"라고 말하면서 격려해 주었다.

#2 입에 욕설을 달고 사는 아이
어느 날 오후 5시경, 오후 연구를 마치고 운동 삼아 아파트 옆에 있는 체육공원에 갔다. 그때 마침 중학생으로 보이는 여학생 서너 명과 두 명의 초등학생 사이에 실랑이가 벌어지고 있었다. 거리가 멀어서 무슨 일로 다투고 있는지는 잘 들리지 않았다. 그래서 좀 더 가까이 가보자 그 중 한 남자 아이가 여학생들에게 "X년"이라고 말했다. 그러자 여자 아이들은 황급히 그 자리를 떠났다. 나는 좀 더 상황 파악을 위하여 남자 아이들을 불렀다. "누가 욕했니?" "난 아니요." "그럼, 너니?" "너 어느 학교 몇 학년이니?" "○○초등학교 3학년이요." "욕하는 것이 좋은 거니? 아니면 나쁜 거니?" "나쁜 거예요." "그래 그러면 앞으로 조심해라." 이 말이 끝나자마자 그 아이들도 자리를 떠났다.

'현상은 본질로 들어가는 문이다.' 이것은 <u>*현상학적 해석학*</u>의 기본 명제이다. 이런 생각을 저반으로 일상의 구체적 사태를 연구의 먹잇감으로 해서 그 사태 너머의 현상 속에 숨겨져 있는 사태의 본질을 파악하려는 입장이 있을 수 있다. 요즈음 아이들이 심상치 않다. 물론 #1에서와 같은 아이들도 더러 있다. 이런 아이는 요즈음 사회에서 희귀한 아이이자 실로 아이답지 않은 아이이다. #2에 등장하는 아이만 문제가 있는 것이 아니다. 요즈음 또 다른 아이들의 실상은 어떠한가. 아래 기사가 요즈음 아이들의 충격적인 실상을 고스란히 보여주고 있다. 이것뿐만 아니라 아이들의 무례함이 이미 도를 넘어있음이 도처에서 확인된다. 이제 우리는 이런 문제 상황을 더 이상 회피하지 말고 교육적 해결책을 찾아 돌파해야 한다. 그러므로 "현상을 넘어서 사태의 본질로!" 들어가는 문안에 우리는 진입해야만 한다.

• 현상학적 해석학
현상을 반영한 텍스트를 철학적으로 이해하고 해석하는 분야

〈기사 4·1〉 도를 넘은 어느 아이의 막장 드라마

지난 해 8월 어느 초등학교 6학년 교실. 학급회장 선거를 치르고 있었지만 A군은 담임교사의 제지에도 아랑곳 하지 않고 휴대폰을 크게 틀어 놓고 있었다. 참다못한 교사가 휴대폰을 빼앗자 "XXX아!"라며 입에 담지 못할 욕설을 퍼부었다. 그래도 주지 않자 A군은 교사의 옆 그리와 가슴을 의자로 때리고 "머리통을 쳐서 죽여버린다"는 등 폭언을 내뱉었다.

왜 이 지경이 되었을까. 이런 문제를 풀어내는 비책은 과연 없는가. 사자성어 중에 행동거지(行動擧止)라는 표현이 있다. 그것을 풀어쓰면 이런 것이다: "몸을 움직여 하는 모든 짓."[1] 〈기사 4·1〉을 보면 여기에 등장하는 A군은 입으로는 욕설을 하고 손으로는 폭력을 휘두르고 있다. 그러면 이런 짓을 하지 못하도록, 다시 말하여 행동거지를 똑바로 하도록 하는 실천 매뉴얼은 정녕 없는가라고 물을 만하다. 우리 고전 중에 아이들의 온몸에 대한 입체적인 전신 관리법이 있었다. 아마 A군과 같은 아이가 이런 관리법을 평소 알고 몸소 익혔더라면 저 정도까지 되지는 않았을 것이다.

그럼 그것이 도대체 무엇이란 말인가. 그것은 율곡이 1577년에 제시해 놓은 구용법(九容法)이다. 물론 이것은 그의 저작 『격몽요결』안에 들어 있다. 따라서 나는 일차적으로 율곡이 강조한 구용법이 도대체 무엇이고, 이차적으로 이것이 어떠한 교육적 효과를 노리고 있는지 구체적으로 해명하겠다. 그런 다음 교육 현장에서 구용법의 적용 가능성의 길을 구체적으로 제안해 둘 것이다.

2. 구용법 텍스트

조선시대의 대표적인 동몽 교재를 뽑아보면, 『명심보감』, 『소학』, 『동몽선습』, 『격몽요결』 등이 있다. 이 중에서 『격몽요결(擊蒙要訣)』은 율곡(1536~1584)의 저작이다. 이 중에서 구용법은 『격몽요결』 제3장

---

[1] 민중서림편집국(편), 『민중 엣센스 국어사전』(서울: 민중서림, 2004), 2778쪽.

「지신장(持身章)」에 들어 있다. '내-몸[身]을-잘-관리하고-보존함', 이것이 지신(持身)에 대한 현대적인 풀어-놓음이다. 구용법: 〈내 몸을 잘 관리하고 보존하기 위한 아홉 가지 몸가짐[容]의 법칙.〉 물론 구용법은 율곡의 순수 창작물은 아니다. 원래 『예기(禮記)』 「옥조(玉藻)」편을 보면 여기에는 구용이 아니라 십용이 나온다. 이를 텍스트[底本·subtext]로 해서 십용법(十容法)인 '좌용시(坐容尸)'를 빼고 나머지 구용에다 율곡이 각각 해설을 붙여 놓았다.

■ 구용 텍스트

1 발의 모양을 무겁게 한다. 발걸음을 가볍게 행동하지 않는 것이다. 존경하는 사람이나 나이 드신 사람 앞으로 달려 나아갈 때에는 이것에 구속될 필요는 없다. 2 손의 모양을 공손하게 한다. 손을 제멋대로 하거나 해이해짐이 없이 하고, 특별한 일이 없으면 의당 단정하게 두 손을 공수하고 망령되이 움직이지 않는다. 3 눈의 모양을 단정히 한다. 눈동자를 안정시켜서 바라보는 것과 우러러보고 굽어보는 것을 마땅히 바르게 할 것이며 함부로 흘겨보거나 샛되게 훔쳐보아서는 안 된다. 4 입의 모양을 다물게 한다. 말을 하거나 음식을 먹을 때가 아니면 입을 항상 움직이지 않는다. 5 목소리의 모양을 조용하게 한다. 마땅히 형기(形氣)를 고르고 가다듬어 구역질이나 가래, 침 등의 잡소리를 내서는 안 된다. 6 머리의 모양을 곧게 해야 한다. 마땅히 머리를 바르게 하고, 몸을 곧게 해야 하며 머리를 기울여 돌리거나 한쪽으로 치우치게 해서는 안 된다. 7 숨의 모양은 엄숙해야 한다. 마땅히 호흡을 고르게 할 것이요, 멋대로 소리가 나게 해서는 안 된다. 8 서있는 모양은 덕스럽게 한다. 똑바로 서서 치우치지 않아 삼가 덕이 있는 기상을 만든다. 9 얼굴빛을 장엄하게 한

다. 얼굴빛을 단정히 하여 태만한 기운이 없어야 한다.[2]

②번 공수법에서 남녀 손의 모양 비교

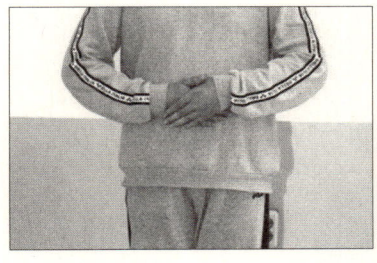 

[그림 4·1] 남자의 공수 자세   [그림 4·2] 여자의 공수 자세

3. 예학과 구용

구용(九容)이란 신체의 아홉 가지 부분에 대한 용자(容姿)를 말한다. 이때 신체의 아홉 가지 부분을 구체적으로 명기하면 그것은 이런 것들이다: ❶ 발[足], ❷ 손[手], ❸ 눈[目], ❹ 입[口], ❺ 목[聲], ❻ 머리[頭], ❼ 코[氣], ❽ 몸[立], ❾ 얼굴[色]. 또한 용자(容姿)는 용(容)과 자(姿)로

---

2 『격몽요결』「지신장」. [1] 足容重 不輕擧也 若趨于尊長之前 則不可拘此 [2] 手容恭 手無慢弛 無事則當端拱 不妄動 [3] 目容端 定其眼睫 視瞻當正 不可流眄邪睨 [4] 口容止 非言語飮食之時 則口常不動 [5] 聲容靜 當整攝形氣 不可出噦咳等雜聲 [6] 頭容直 當正頭直身 不可傾回偏倚 [7] 氣容肅 當調和鼻息 不可使有聲氣 [8] 立容德 中立不倚 儼然有德之氣像 [9] 色容莊 顏色整齊 無怠慢之氣 [1]에서 '밑줄 친 부분'이 '원문'이고 그 외 나머지가 율곡의 풀이다. 이하 모두 이와 같다.

나누어서 보아야 한다. 여기서 '용'은 각각의 몸가짐을 말하고 '자'는 각각의 몸가짐[모양]에 따른 바람직한 자세[태도]를 뜻한다. 이것을 아래 배치도를 통하여 시각적으로 드러내면 구용이란 우리들의 온몸을 부문별로 지칭하고 있음이 확연히 드러난다.

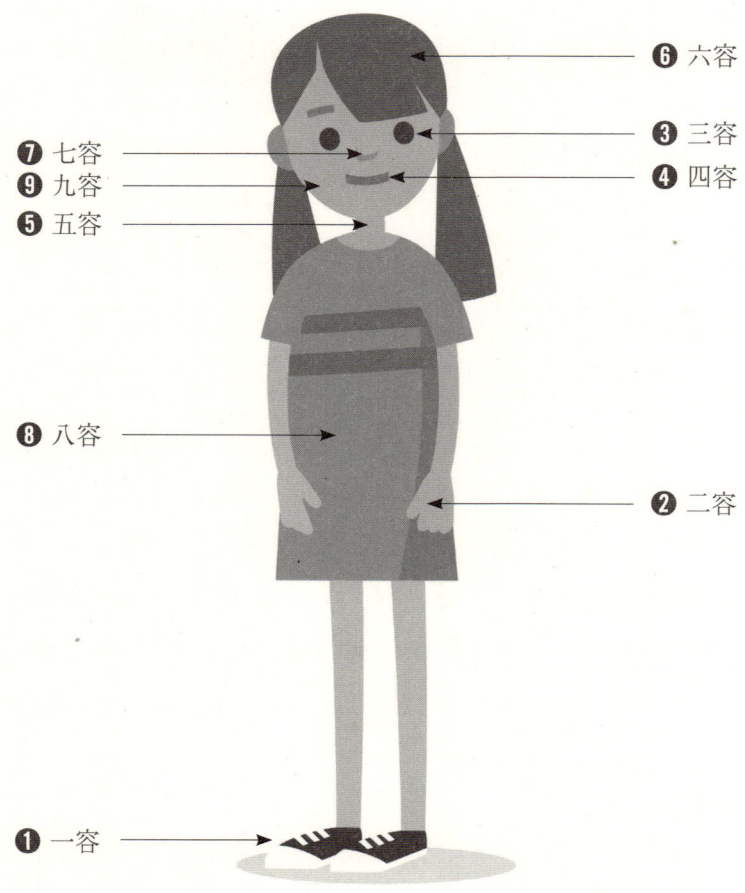

[그림 4·3] 구용법의 신체 배치도

성리학은 기본적으로 이런 구도로 설계되었다. '소학의 마당을 통하여 대학의 궁전으로 들어간다.' 곧, '소학 공부 → 대학 공부'로 말이다. 이때 '소학(小學)', 즉 '작은 배움'은 '몸-공부'를 지칭하고, '대학(大學)', 즉 '큰 배움'은 '마음-공부'를 통칭한다. 그러므로 8세부터 15세까지는 주로 몸-공부에 주력했고, 15세 이후에는 마음-공부에 집중했다. 그러면서 공부의 최종 목표를 '성인이 되기 위한 배움[聖人之學]'에 두었다. 이를 줄여서 성학(聖學)이라고도 한다.

그럼 왜 율곡은 유독 아이들의 몸공부로 구용법을 강조했을까. 그것은 기본적으로 성리학의 정칙인 <u>하학상달(下學上達)</u>이라는 공부 패러다임을 율곡이 그대로 수용했다는 반증이다. 하학이란 성인(聖人)의 학(學)으로 들어가기 위한 예비적인 몸만들기 작업이다. 또한 상달은 그럼으로써 성인의 경지에 바싹 다가서는 일이다. 그런데 성리학의 '작은 배움[小學]'은 예학(禮學)의 성격이 강하다. 반면 성리학의 '큰 배움[大學]'은 <u>심학(心學)</u>의 성격이 더욱 짙다. 왜냐하면 성리학의 몸공부가 '작은 성인[小之聖人]'의 몸만들기 작업이기 때문에 예교(禮敎)를 통한 예법(禮法)의 신체화의 길이 바로 몸공부의 여정이다. 그래서 예를 통한 배움, 즉 예학(禮學)을 강조하는 구도로 소학이 자연스럽게 나아간다. 예를 가르치고[禮敎], 예를 배운다[禮學]. 이런 과정을 통하여 스펀지가 물을 빨아들이듯이 예법(禮法)이 자신도 모르게 신체화된다.

그러므로 율곡이 이런 예의 신체화를 위하여 당연히 구용법을 강조하게 된 것이리라. 이때 예의 신체화란 몸의 조절을 통한 마음의 똑바른 재편으로 정신을 그때그때마다 몸에 장착하여 예를 내 것으로 만드는 일이다. 내 것으로 만든다는 것은 예를 체화 내지 체득한다는 뜻이겠다. 이것은 일종의 '예-절-화' 작업인 셈이다. '예(禮)-절(節)-화(化)': '몸의 질서[禮]'를 '그때그때마다[節]' '내 몸에 체화시키는 무엇[化].' 이것은 오늘날 신체의 육체화 작업과는 매우 다른 것이다. 이것, 즉 신체의 육

• 하학상달
먼저 몸을 공부하고 나중에 마음을 공부해서 성인에 도달함

• 심학
마음을 갈고 닦는 배움의 방식

체화 작업은 체력 단련, 근육 운동, 다이어트, 요가, 체중 감량을 위한 단식 등의 각종 운동이나 요법을 말한다. 이것은 신체를 아름답게 하거나 육체의 건강을 위하여 하는 작업이지 예법의 신체화라는 길은 정녕 아니다. 유감스럽게도 오늘날 우리에게 신체의 육체화는 있어서도 예법의 신체화는 거의 사라졌다. 그러니까 아이들이 무개념으로 무례(無禮)와 비례(非禮)를 서슴없이 저지르며 예교(禮敎) 상실의 시대를 그들은 살고 있다. 그러므로 그런 아이들에게 더욱 더 예학(禮學)의 공부가 절실하게 필요한 것이다.

　이런 맥락에서 보면 구용법은 철두철미하게 예학의 기초 설계도면인 것이다. 그렇다면 성리학의 구도 안에서 도대체 예란 무엇인가. 물론 예에는 개인이 몸에 지녀야 하는 예절이라는 개인적 측면과 공동체의 유지를 위해 요구되는 질서라는 사회적 층위도 동시에 발산한다. 하지만 구용법에서 강조되는 예는 사회적 층위 보다는 개인적 측면이 더욱 강하다. 이렇게 개인적 측면에서 예를 보았을 때 그런 예의 의미의 스펙트럼을 점검해 보자.

▣ 예의 규정
- 예는 사람의 신체 동작을 가리킨다.
- 예는 사람의 신체 동작으로 표현된다.
- 예는 자기를 이겨 몸을 검약하는 것이다.

▣ 예의 작용
- 예법이란 신체를 단속함으로써 방종하여 병이 생기는 병을 금지하는 것이다.
- 예의 작용은 사람으로 하여금 공경하며 공손하고 온순하도록 만들

었다. 이런 목적을 실현하기 위하여 사람의 몸동작이나 언행마다 상세한 규정이 있다.

■ 예의 효과
- 예를 통해 몸을 길들이면, 몸가짐이 무거워지고, 무거워지면 위엄이 생긴다.
- 예의는 사람의 천성을 더욱 좋게 만든다.
- 예란 삐뚤어진 것을 바른 것으로 풀어내고, 본바탕을 아름답게 꾸민다.

먼저 예의 규정을 보라. 이 내용을 집약해서 표현하면 예는 철저하게 신체의 컨트롤 장치라는 점이다. 이런 예를 통하여 우리는 내 몸의 질서를 되찾고, 세세한 행동거지를 검속(檢束)하게 해주는 자잘한 예의 레파토리[九容法]가 내 몸을 조율해줌으로써 내 몸의 '제멋대로 나댐[放縱]'을 사전에 예방할 수 있는 것이다. 이것이 예의 작용이다. 이렇게 예가 내 몸에서 작동하게 되면 내 몸이 자연스럽게 예로써 길들여지고 위엄과 품위가 동시에 생겨나 '외면[文]의 꾸밈과 내면[質]의 본바탕이 알맞게 갖추어져 아름답고 훌륭한 상태나 그런 모습, 즉 문질빈빈(文質彬彬)'하게 된다. 이것이 이른바 예의 효과인 것이다.

4. 구용을 실천하라

여말선초의 유학자인 권근(1352~1409)은 『입학도설』을 남겼다.

그 안에 「대학도」가 들어 있다. 이것을 가져다가 퇴계(1501~1570)는 『성학십도』의 <제4도>로 삼았다. 그러면 이런 사실과 구용법 사이에 어떤 논리적인 연관이 있다는 말인가. 다시 물으면 이것은 "구용법과 「대학도」에는 어떤 관련성이 있는가?"라는 점이다. 물론 직접적인 연관은 적다. 구용법과 직접적인 연관이 있는 것은 『성학십도』의 <제3도>인 「소학도」다. 왜냐하면 <제3도>가 몸공부의 구체적인 내용을 포함하고 있기 때문이다. 그렇다고 해서 <제4도>와 구용법이 전혀 연관이 없는 것은 아니다. 권근은 「대학도」안에서 공부의 두 축을 앎[知]의 공부와 삶[行]의 공부로 설명하고 있다. 그러면서 이 두 축의 유기적 연대를 공부의 궁극적인 지향처로 잡고 있다. 앎과-삶의-통합[知行統合]! 이것이 유가적 공부법의 최고의 이상이면서 교육적으로 달성하기 가장 어려운 세계다. 구용법도 이와 마찬가지이다. 앎과 삶이 하나가 된 통합처럼 구용법도 누가 무엇이라 해도 '몸에 배게 하는 체화[버릇-들이기]'가 관건이다. 이것은 이른바 *아비-투스(habitus)*의 문제다.

• 아비투스
몸에 밴 습관을 뜻하는 라틴어

  실제로 초등학생들에게 율곡 구용법 중에서 2에 해당하는 공수법(拱手法)을 시연해 주고, 동시에 다음 장과 같이 해당 항목을 조사해 보았다. 오른쪽 <예시 4·1>은 그 중 한 아이가 작성한 내용이다. 이 아이가 작성한 것을 다시 환기해 보자. 아이들에게 가장 손쉽게 적용할 수 있는 공수법은 아이들의 행동이 방일과 방종으로 흐르는 것을 사전에 차단하고 예방하는 효과가 있다. 즉 공수 자세로 말미암아 몸의 규제를 통한 마음의 수렴 작용이 공수법 안에서 일어난다. 초등학교 4학년 어느 아이는 <예시 4·1>과 동일한 질문에 대해 거칠지만 아래와 같이 이런 발랄한 반응도 했다.

〈예시 4·1〉 공수법 자료

〈양식〉 공수법拱手法   (   )초등학교 (6)학년 (6)반 이름(   )

공수법이란? 윗사람을 대할 때 오른 손위에 왼 손을 올려놓는 예절법이다.(남자)
            왼 손위에 오른 손을 올려놓는 예절법이다.(여자)

* 해당 동작 시연

1. 이것을 맨 처음 본 느낌은 어떠했나요? 어색하고, 이상했습니다.

2. 이런 동작을 실제 따라해 보고 여러분은 어떤 생각이 드나요? 어색하고, 불편하지만 기분이 좋다.

3. 여러분이 공수법과 해보고 나서 공수법을 했을 때와 그렇지 않을 때의 느낌의 차이를 아래 빈 칸에다 적어 보세요.

공수법을 했을 때의 느낌	공수법을 하지 않았을 때의 느낌
예의가 바른것 같았고, 손을 얌전히 모으게 되어서, 단정해지는 느낌이 들었습니다.	예의가 없어 보였고, 몸 제목(?)이 이상해지고, 손으로 다른 일들을 계속해서 단정하지 않다는 느낌이 들었다.

4. 또한 공수 상태와 미공수 상태에 따른 여러분의 마음 상태는 어떠한지 자세하게 써 보세요.

공수시의 마음 상태	미공수시의 마음 상태
손을 모으고 있으니까 다른 것을 만지거나 다른 생각이 들지 않고, 마음이 차분해지는 느낌이 들었습니다.	다른 잡생각들이 많이 들고, 손으로 다른 것을 만지작거리게 됩니다. 마음이 차분해지지 않는 것 같습니다.

5. 이런 공수법이 하나의 예절법으로 오늘날 왜 중요한지 자신의 생각을 써보세요.
오늘날 윗사람을 예의바르게 대하지 않고, 윗사람을 보아도 인사를 잘하지 않기 때문에, 예를 바르게 인사하는 버릇을 들이기 위해서 입니다.

• 공수법을 했을 때의 느낌은?
  공수법을 했을 때에는 이상하고 어색하지만 윗사람을 조금은 높여 주는 것 같고 예의 바른 아이가 되고 싶은 마음도 약간 든다.

• 공수법을 하지 않았을 때의 느낌은?
  공수법을 했을 때에는 윗사람을 공경하는 것 같지만 안했을 때에는 왠지 개기는 느낌이 난다.

• 공수시의 마음 상태는?
  손을 모았을 때에는 어른을 공경하는 것 같다.

• 미공수시의 마음 상태는?
  손을 모으지 않았을 때에는 그냥 하고 건성건성 인사하는 마음이다.

• 이런 공수법이 하나의 예절로 중요한 이유는?
  사람들이 너무 개기고 대드니까.

따라서 율곡의 구용법은 소학 증발의 시대에 몸공부의 전범으로 새롭게 떠오른다 하겠다. 우리는 서두의 예화를 통하여 요즈음 아이들이 어른을 대하는 태도에서 무례병(無禮病)과 비례병(非禮病)을 심각하게 앓고 있음을 보았다. 그것만이 아니다. 일상생활에서 막말병과 쌍욕병, 그리고 심각한 폭력병 등 각종 질환을 앓고 있는 아이들에게 구용법이라는 전통 예약(禮藥)을 조제하여 복용시키자. 구 - 용! 그것은 우리들의 행동거지에 대한 완벽한 컨트롤 장치, 이 안에 우리 몸의 예학적 구원이 들어 있다. 이러한 구원을 위하여 아이들에게 구용의 실천 일지를

〈예시 4·2〉 구용 성찰 일지

1. 오늘은 구용 중 (　　　) 의 날

2. 일시: (　　　) 년 (　　) 월 (　　) 일 (　　) 요일

3. 실천 내용

4. 성찰 내용

5. 오늘의 점검 및 내일의 약속

작성하도록 독려해 놓자. 앞에 쪽 〈예시 4·2〉는 우리가 학급에서 즉각적으로 활용 가능한 '구용 성찰 일지 양식'을 제시해 둔 것이다. 이런 양식을 참고해서 다양한 응용이 가능하리라고 본다.

구용법을 체계적으로 아이들에게 가르치자. 그런 다음 구용법을 아이들에게 체득시키자. 이런 식으로 이것을 응용해도 좋으리라. 매일 학급에서 10여분 정도의 시간을 할애하여 구용법을 가르치고 매순간 실천하도록 지도한다. 또한 1일부터 9일까지 일용날, 이용날, … 구용날로 고정한 뒤 날짜별로 그 날이 3일이면 '3용날[目容端]'의 하루로 해당 날을 정한다. 그런 다음 하루 동안 〈3용─눈의 모양을 단정히 한다〉, 이것을 꾸준히 실천하고 저녁시간에 〈예시 4·2〉와 같은 방식으로 아이들이 구용법 일지를 작성하도록 시킨다. 그리고 10일째 되는 날에는 1일부터 9일까지 실천한 구용에 대한 종합 반성의 시간을 갖는다. 이렇게 한 달에 세 번의 사이클이 돌아가도록 상용화하는 작업도 있을 수 있다. 이것은 구용법의 좋은 실천 사례가 될 수 있다. 이것은 어디까지나 하나의 예시이므로 다양한 구용법의 활용법은 얼마든지 색다르게 나올 수 있다.

율곡이 『격몽요결』의 「지신장」에서 구용법을 강조한 것은 신체에 대한 의도적인 통제 장치를 구안해 놓은 점이다. 물론 이때의 구용법은 예학의 질서 구도 안에 있다. 따라서 구용법은 예를 통한 신체의 <u>빌둥[Bildung·基盤形成]</u>을 도모하는 시스템이다. 여기서 '빌둥'이란 독일어인데 이것은 무언가에 대하여 가장 기초적인 터전으로서의 확고한 터다지기 작업을 말한다. 그래서 작은 성인[小之聖시]으로 가기 위한 몸만들기 작업은 예를 통한 신체의 '빌둥'이다. 따라서 이때의 '빌둥'은 '예를 통한 온 신체의 중무장'인 셈이다. 이것은 "예의-신체화" 작업의 다른 표현이다. 물론 "예의-신체화"란 내 몸 전체를 구석구석 구용으로 "아비투스(habitus)-화"하는 것이다. 방금 사용한 '아비투스'는 라틴어인데 여기서

• 빌둥
인간형성의 총체적 과정

는 '체화된 습관'을 말한다. 그러므로 '**아비투스(habitus)**'란 '**습관이-몸에-배어서-체화된-무의식의-신체**'이다. 이렇게 예를 아비투스의 관점에서 보면, 예교를 신체화한다는 것은 일상에서 구용법의 반복과 훈련을 통해 내 몸을 예의 구현체로 만들어내는 기획이다. 이를테면 윗사람 앞에 있게 되면 나도 모르게 혹은 너무나 자연스럽게 공수(拱手) 자세를 취하는 것, 이것이 바로 예가 구현된 모습이다. 이것은 요즈음 다수 아이들이 일상생활에서 욕설이 무의식적으로 자동 발사되어 터져 나오는 것과는 다른 차원의 이야기이다. 그래서 오늘날 같이 예교와 예학이 없는 소학 상실의 시대에 구용법은 우리들에게 더욱 의미 있는 모습으로 다가온다. 이 장의 서두 〈기사 4·1〉과 〈예화 4·1〉 #2에 등장하는 아이가 이런 구용법을 몸소 익혀서 일상에서 꾸준히 실천해 왔었더라면 저렇게 버릇없고 경박한 행동을 했을 리 만무하다.

　　요즈음 아이들이 몸공부가 미진하다 보니 학교에서 발생되는 온갖 비례와 무례의 일상화, 그리고 아이들의 욕설과 폭력이 도를 넘고 있다. 이것은 일정 부분 아이들이 예를 통한 몸의 규율에 실패하고 있다는 반증이다. 그렇다면 이를 극복하기 위한 하나의 방략으로 율곡의 구용법은 교육적 가치가 매우 높다고 볼 수 있겠다. **예의 아-비-투-스-화!** 지금이라도 이를 천천히 서두르자. "교육 실천가들아! 어서 빨리 구용법으로 아이들의 몸을 중무장시키자." 철딱서니 없는 아이가 교사에게 폭언을 일삼고 또 교사를 때리는 일이 교육 현장에서 더 이상 일어나지 않을 때까지 말이다.

5장

율곡의 구사법*

습관은 성격이 된다!
Habits become character!

---

* 이 글은 「사람됨 교육의 관점에서 바라본 구사법의 세계」, 『인격교육』, 제7권 제2호, 2013, 69-83쪽에 실려 있다.

1. 서구의 노예 살이를 중단하라

요즈음 우리들은 서구적 가치를 존숭하지만, 동양적 가치를 폄하하거나 잊고 사는 경우가 허다하다. 그것은 당시대를 구획하고 부려내는 담론의 질서와 무관하지 않다. 이것을 좀 더 세밀하게 바라보고 푸코식으로 말해보자. 당대의 지배 권력이 담론을 배후에서 거중조정한다면 담론은 철저하게 시대상의 반영이다. 그러므로 푸코는 이를 두고 이렇게 말했다. "담론이 구조를 지배한다."

말할 것도 없이 여기서 구조란 사회의 제도와 질서를 작동시키는 지배 집단의 힘이자 이데올로기다. 교육도 이런 논의 구조에서 자유롭지 못하다. 다시 푸코의 논리를 따라가면 교육도 지배 권력의 작동 하에 놓여 있는 부산물에 다름 아니다. 이것이 이른바 당대의 담론 구조를 떠받치는 힘의 장치로서의 에피스테메다. 그래서 당시대의 권력 구조를 파악하는데 무엇보다도 먼저 검토해야 하는 일은 에피스테메의 지형도를 알아보는 것이다.

그러면 먼저 내가 살아가고 있는 학문공동체인 교육학의 경우를 살펴보자. 이 말은 현 시점에서 한국 교육학의 에피스테메를 따져보자는 것과 같다. 원래 해방 전 교육학의 학적 기반은 허약했다. 그런데 해방을 맞으면서 일대 전환점을 맞는다. 분명한 것은 지금 한국 교육학이 외국(특히, 미국) 교육학의 수원지를 통하여 물[이론]을 공급받고 있다는 사실이다. 이런 사실을 받아들인다면 현행 우리 교육학은 미국 교육학의 에피스테메에 의한 지배를 받고 있는 꼴이다. 순간 여기서 나는 그럼 조선조에는 어떤 에피스테메가 교육 문화를 지배하고 있었을까를 떠올린다. 그것은 두말할 필요도 없이 성리학 담론이라고 말할 수 있겠다. 오늘날과 다르게 조선조 우리 선조들은 성리학이라는 *거대 담론* 하에서

• 담론
당대에 유통되는 이야기

• 푸코
프랑스 현대 철학자로 그의 사상이 포스트모더니즘에 깊이 침투해 있다.

• 에피스테메
당대에 힘이 있는 문화적 권력의 장이나 구조

• 거대 담론
당 시대를 지배하는 큰 이야기

교육의 틀-거리를 구상하고 이를 교육에 반영했음은 자명하다. 따라서 조선 시대의 교육은 성리학의 지배 질서 속에서 설계된 것을 통하여 교육 체제를 작동시켰으리라. 하지만 오늘날은 성리학의 시대는 아니다. 따라서 성리학 담론이 더 이상 힘을 행사하지 못한다. 그러면 당연히 현행 교육학의 담론 구조에는 성리학 담론이 아닌 다른 담론이 점령하고 있는 셈이다. 이것을 미국 교육학의 담론으로 볼 수 있다. 그런데 문제는 이것만으로 교육을 운용할 때다. 왜냐하면 과거 성리학 담론과 현행 교육학 담론 사이에는 사유의 언어와 문법이 달라 교육을 설명하는 방식에서 큰 차이를 가져오기 때문이다. 이런 차이는 단순한 차이로 끝나는 것이 아니라 해방 이전 우리 선조들이 지켜왔던 교육 전통이 당시대에 와서 점령지 담론에 의해 우리 것들이 단절되거나 절멸될 수 있다는 문제점 때문이다.

이런 문제의식 안에서 나는 전통적 사유의 길을 낸다. 그런데 사유의 길은 '철학하는 인간(Homo philosophicus)'이 걸어가는 그런 길이다. 이런 길을 *하이데거*는 들-길(Feld-wēg·field-path)을 통하여 표명한 바 있다. 이런 들-길의 사유는 누구도 걸어가지 않은 그런 길을 혼자서 타박타박 개척해 나가는 창의적 작업의 소산이다. 그러면서 그 길을 걷는 사람은 끊임없이 사색하며 걷는다. 그런 인간을 두고 우리는 '호모 필로소피쿠스'라 부른다. 이러한 들-길을 내면서 나아가는 사유는 필연적으로 '호모 필로소피쿠스'의 안내를 받는다. 이때 '호모 필로소피쿠스'는 다른 말이 아니라 뫼비우스의 띠처럼 끊임없이 생각하면서 걸어가는 그런 인간을 표현한다. 들-길을 걸어가는 인간의 배낭에는 사유감으로 가득 차 있다. 이를 테면 그것은 이런 것들이다. 교육에서 점령지 담론이 극성을 부릴 때 전통교육 담론의 고갱이가 정녕 사멸하도록 방치해야 하는가? 이런 물음에 대하여 그렇게 해서는 안 된다고 말할 때 지금 당장 우리가 해야 할 일은 무엇인가? 이런 물음에 대하여 접근해

• 하이데거
독일의 철학자로 근대 형이상학에 대한 비판에 철저했다.

들어가는 방법은 다양한 길이 있을 수 있다. 그런데 나는 여기서 아주 구체적으로 좁혀서 나아가는 길로 한정하려 한다. 보다 직설적으로 말해서 16세기 성리학자였던 율곡의 사유로를 통해서 나아가려 한다. 그는 1577년 황해도 해주에서 『격몽요결』을 집필했다. 이 책은 총 10장으로 구성되어 있는데, 제3장에 인간의 몸가짐[持身]을 집중적으로 알려주는 「지신장」을 율곡이 배치했다. 이 장 안에 구용과 구사가 들어 있다. 그 중에서 구사법을 사유의 배낭 속에 넣고 그것과 더불어 사유의 길을 떠나보자.

오늘날의 지배 담론과는 다른 에피스테메 속에서 살아가며 당대의 세계관을 반영했던 구사법의 세계를 현재로 소환한 뒤, 이것이 들려주는 교육적 메시지를 살펴보자. 그리고 난 뒤 구사법의 세계가 21세기 사멸 담론이 아니라 당당히 살아있는 의미의 지평으로 가기 위하여 교육적으로 어떻게 해야 하는가를 동시에 되묻는 통로를 여기에다 열어둔다. 그러면서 서구 담론이 판을 치는 이 시기에 전통이 전통으로서 독자적인 목소리가 분명 있음을 깊이 새겨두려 한다. 오늘날 점점 더 지신법의 전통을 몰라서 존재의 참을 수 없는 가벼움으로 지신의 세계를 잊고 사는 이들에게 경각의 목소리도 동시에 들려주려 한다. 그리고 마지막으로 이런 지신법이 사람됨 교육과 어떻게 만나면서 어떠한 교육적 의미망을 형성할 수 있을 지도 탐구할 것이다.

2. 구사법 텍스트

원래 구사법의 텍스트는 공자의 『논어(論語)』 「계씨(季氏)」편에 들어 있다. 이 텍스트가 2500년 정도의 역사성을 가지고 있다는 것인데 이런 사실은 유학을 공부하는 이들에게는 그리 새로울 것이 없다. 이것에 다 율곡이 상세하게 주석을 달아 풀어 놓은 것이 구사법의 텍스트다.

■ 구사 텍스트

1 볼 때는 바로 볼 것을 생각한다. 볼 때 가려진 것이 없으면 분명하여서 보이지 않는 것이 없다. 2 들을 때는 똑똑히 들을 것을 생각한다. 들을 때 막힌 것이 없으면 귀가 밝아서 들리지 않는 것이 없다. 3 얼굴빛은 온화하게 가질 것을 생각한다. 얼굴빛이 온화하고 퍼져서 화나고 사나운 기색이 없다. 4 용모는 공손할 것을 생각한다. 한 몸의 몸가짐이 반듯하고 씩씩하지 않음이 없다. 5 말은 충직하게 할 것을 생각한다. 한마디를 하더라도 충직하고 신실하지 않음이 없다. 6 일은 경건하게 할 것을 생각한다. 한 가지를 하더라도 경건하고 신중하지 않음이 없다. 7 의심나면 물을 것을 생각한다. 마음에 의심이 생기면 반드시 먼저 깨달은 자에게 나아가 살펴 물어서 알지 않고서는 그대로 두지 않는다. 8 화가 나면 어려움이 생길 것을 생각한다. 화가 나면 반드시 징계하되 이치로써 스스로 극복해야 한다. 9 이득을 보면 의를 생각한다. 재물을 얻게 되면 반드시 의리와 이익 사이를 밝게 변별하여 의리에 부합한 뒤에 취한다.[1]

---

1 『격몽요결』「지신장」 1 視思明 視無所蔽則明無不見 2 聽思聰 聽無所壅則聰無不聞 3 色思溫 容色和敍無忿厲之氣 4 貌思恭 一身儀形無不端莊 5 言思忠 一言之發無不忠信 6 事思敬 一事之作無不敬愼 7 疑思問 有疑于心必就先覺審問不知不措 8 忿思難 有忿必懲以理自勝 9 見得思義 臨財必明義利之辨合義然後取之

3. 구사법을 제대로 음미하자

'구-사-법'에서 '구(九)'는 아홉 가지를 뜻한다. 다음으로 '사(思)'는 인간이 머릿속에서 무언가를 처리해내는 생각활동[思·thinking]을 뜻한다. 마지막으로 '법(法)'은 어떤 것의 법칙이나 원리를 말하는 것이 아니라 <인간이-반드시-해야-할-일 또는 지당한-일[thing]>을 뜻한다. 이렇게 놓고 '구사법'을 영역하면 'nine-thinking things'가 된다. 따라서 구사법이란 인간이 살아가면서 반드시 해야 하거나 그렇게 하는 것이 온당한 아홉 가지 생각활동이다. 그런데 단서가 붙는다. 구사법을 왜 하려고 하는가. 그런 활동을 왜 해야 하느냐 하면 올바른 몸가짐[持身]을 위한 것이다. 그러므로 구사법은 일종의 지신법으로서 우리 몸[身]을 올바르게 지탱함[持]을 위한 아홉 가지 전략[法]인 셈이다. 그 중에서 전략의 요충지는 두말할 것도 없이 생각활동[思]이다. 이런 점을 염두에 두고 구사법의 스펙트럼을 감상해 보자.

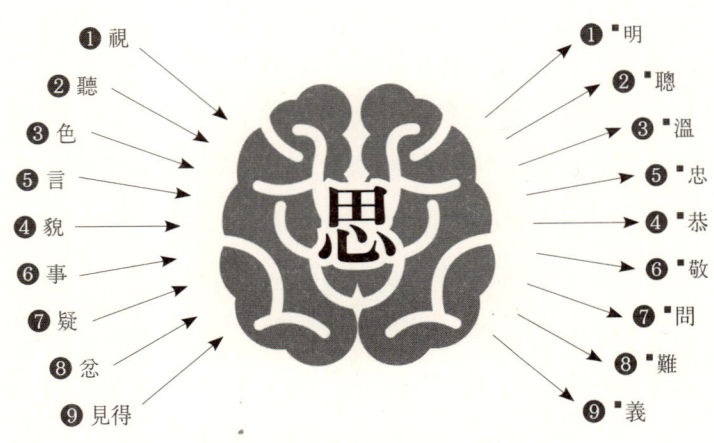

[그림 5·1] 구사법의 스펙트럼

이때 '사(思)'는 좌항의 아홉 가지를 머리에 입력하여 우항의 아홉 가지를 머리로 분만하게 유도하는 중계 장치다.

원래 사(思)는 전(田)과 심(心)의 결합으로 되어 있다. 그런데 사자(思字)의 상부에 배치된 '전(田)'은 '밭'이 아니라 '정수리'를 뜻하는 '신(囟)'이다. 따라서 사(思)의 원래 형태는 ※다. 이런 것은 자원학의 접근이고, 여기서 사(思)의 의미는 머릿속으로 들어온 아홉 가지 항목의 내용을 깊이 숙고하여 가장 올바르게 처리해 내는 능력을 뜻한다. 왜 이러한 해석이 가능한 것인가 하면 허신은 『설문해자』에서 "사사준야(思※睿也)"[2]라고 푼다. 이때 준(睿)은 음과 훈이 두 가지로 '깊을 준' 또는 '슬기로울 예'이다. 그러나 이것은 어디까지나 사전적인 의미일 뿐 사(思)를 맥락으로 푼 것은 아니다. 그래서 사(思)를 더욱 가공해야 한다. 구사법은 구조가 일사법(一思法)인 시사명(視思明)과 같이 □思□▪로 되어 있는데, 사를 중심으로 왼쪽 □을 투입항이라 보고 사를 중심으로 오른쪽 □▪을 산출항이라 볼 수도 있다. 이렇게 보면 가운데에 있는 '사(思)'는 과정항이 된다.

• 허신
중국 후한 시대의 학자로 『설문해자』라는 한자의 해설서로 유명하다.

□思□▪ = 투입항[□] → 과정항[思] → 산출항[□▪]

이러한 구사법의 체제는 '투입 → 과정 → 산출'이라는 스펙트럼으로도 설명이 가능하다. 이렇게 본 것이 앞의 [그림 5·1]이다. 이런 체제로 보았을 때 사의 장치는 투입이 산출로 넘어가도록 도와주는 경유지이자 아홉 가지 투입 내용을 정제시켜 아홉 가지 산출이 일어나도록 도와주는 여과기 역할을 하는 것이다. 사가 아홉 가지의 처리 장치라면 구사법의 맥락에서 사가 하는 일을 정확하게 말해보자. 그러면 사란 아홉

---

2 "사사준야(思※睿也)"는 "사(思)는 사(※)로 준(睿)이다"라는 뜻이다.

가지의 항목에 대하여 내가 마음속에서 그것들을 잘 조절·통제·관리·선택하여 원래 기대한 아홉 가지 산출이 원활하게 나오도록 해주는 사유의 메커니즘에 다름 아니다.

■ 구사법의 메커니즘
❶ 시(視) → 사(思) → ❶ˉ명(明)
❷ 청(聽) → 사(思) → ❷ˉ총(聰)
❸ 색(色) → 사(思) → ❸ˉ온(溫)
❹ 모(貌) → 사(思) → ❹ˉ공(恭)
❺ 언(言) → 사(思) → ❺ˉ충(忠)
❻ 사(事) → 사(思) → ❻ˉ경(敬)
❼ 의(疑) → 사(思) → ❼ˉ문(問)
❽ 분(忿) → 사(思) → ❽ˉ난(難)
❾ 견득(見得) → 사(思) → ❾ˉ의(義)

이런 구사법의 현재 위상은 어떠한가. 오늘날 현대인들 중에서 구사법을 일상에서 활용하거나 실천하는 사람이 얼마나 될까. 그것보다도 현대인들이 이런 구사법을 조선조 아이들이 동몽기에 배웠다는 사실을 얼마나 알고 있을까. 더 들어가서 맨 처음 구사법을 역설했던 선학이 공자였다는 점을 아는 이들이 얼마나 될까. 이렇게 꼬리를 물고 터져 나오는 물음에 대해 선뜻 대답하지 못하는 이유는 오늘날 학교에서 구사법을 제대로 가르치고 제대로 배우지 않을 수 있다는 가능성 때문이다. 그러나 어떤 이는 구사법을 학교에서 가르치고 배우지 않는 것을 그렇게 비판받을 만한 일인가라고 반문할 수 있다. 미국에서 수입한 더 좋은 도덕교육 이론이 얼마든지 있는데, 그렇게 고리타분한 과거 담론을 꼭 계승 발전시켜야 하는가. 이렇게 부정적인 시선을 보낼 수도 있다. 그러나 이런 시선에는 서구 담론에 대한 무조건적인 숭배와 전통 담론에 대한 무지가 동시에 묻어 있다. 일례로 우리나라 도덕과 교육이 주로 의지하는 도덕과의 교과서나 지도서를 정독해 보라. 그러면 도덕과의 이론적 토대가 무엇으로 가득 채워져 있는지 여러분이 확인하는 순간 우리가 얼마나 뼛속 깊이 미국산 수입이론의 노예로 살아가고 있는지 알게 될 것이다.

4. 먼저 사람됨의 기본으로 돌아가자

율곡은 『격몽요결』에서 구사법을 이렇게 평가한 적이 있다. "배움에 나아가는 것은 지혜를 더해 가는 것인데, 그것은 구사법 보다 더 절실한 것이 없다[進學益智 莫切於九思]." 이때 배움은 오늘날 우리가 학습(learning)으로 알고 있는 그런 배움이 아니다. 현대교육에서 학습이란 교육과정 속에 녹아들어있는 지식·기능·태도 등을 교수(teaching)를 통하여 배우는 것이다. 오늘날 학교에서 지식·기능·태도 등을 교사는 가르치고 학생은 배우는 '*거대 담론*'[3]을 [그림 5·2]와 같은 구조인 교

• 거대 담론
우리가 아무런 의심없이 수용하고 있는 당대의 큰 이야기

---

3   인간이 거대 담론에 깊숙이 빠져 있으면, 그것의 폐해를 알지 못한다. 마치 인간이 깊은 숲속에 빠져 나무만을 쳐다볼 뿐 숲 전체를 못보는 것과 같다. 교수·학습에 완전히 빠져 있는 우리가 이 모습이다. 이제라도 우리는 교수·학습의 독성이 무엇인지 정확히 알 필요가 있다.

수·학습 패러다임이라 부른다. 그리고 이러한 교수-학습의 원산지도 미국 교육학이다.

[그림 5·2] 교수-학습 패러다임

그러나 율곡이 당 시대에 그렸던 배움은 오늘날과 같은 학습이 아니다. 그래서 배움의 지향[進學]도 지식·기능·태도 등을 축적해 나아가는 학습에 있는 것이 아니라 지혜의 확장[益智]에 있었다. 그러면 지혜의 확장을 위한 방법론은 무엇인가? 이런 물음에 대해 율곡은 구사법이라고 말할 것이다. 따라서 율곡이 그리는 지혜는 오늘날의 지식·기능·태도 등과는 전근대와 현대라는 시간적 차이만큼이나 격절하다. 따라서 우리가 오늘날 아이들에게 구사법을 제대로 가르치지 않는 것을 율곡식으로 말하면 우리교육이 지혜는 가르치지 않고 지식·기능·태도 등만을 가르치고 있다가 되겠다. 이 '문제'가 진짜 '문제'다. 이때 앞에 나온 '문제'는 학교에서 지식·기능·태도 등만을 가르치는 것이고, 뒤에 나온 '문제'는 그럼으로써 현재 발생되는 지혜 부재의 오늘날 교육의 모습이다. 그러므로 오늘날 교육은 신을 신고 발바닥을 긁는, 즉 격화소양(隔靴搔癢)의 꼴이다. 그러니 늘 성에 차지 않고 무언가가 부족하다. 이 무언가가 율곡이 지적한 교육에서 지혜의 문제다.

그러나 율곡이 지혜[慧]를 거론했다고 해서 그 지혜를 서구식 wisdom으로 포착해 내는 것은 매우 곤란하다. 물론 이때 지혜는 지식[知·knowledge]이 아닌 것은 분명하다. 율곡은 유학자이기에 그가 말하는 지혜는 유교의 전통에서 그리는 무엇이다. 그렇다면 율곡도 지혜를 유교의 전통에서 말하고 있는 셈이고, 그 전통은 공자에까지 거슬러 올라간다. 공자는 이런 말을 한 적이 있다. "군자는 위에 도달하려고 하고, 소인은 아래에 도달하려고 한다."[4] 그러면서 또 공자는 "군자란 구사법을 가지고 있다"고 말한다.[5] 이 말을 확장해서 해석하면 소인은 구사법을 가지고 있지 않는 자라고 평가할 수 있다. 따라서 이 맥락을 중시할 때 군자와 소인의 구별은 구사법의 유무에 달려 있다. 공자의 말대로라면 평소에 구사법을 자유자재로 응용하면서 사는 자는 군자요, 그렇지 못한 자는 소인인 셈이다. 이것을 다시 율곡식으로 말하면 군자는 지혜로운 자요 소인은 그렇지 못한 자가 된다. 이제 공자와 율곡의 저런 두 생각을 통합해서 말하면 구사법을 지혜롭게 응용해서 살아가는 사람은 군자요 그렇지 못한 자는 소인이다. 이때 군자와 소인을 말하는 것은 두 단어 속에 이미 '사람됨의-질적-분포'가 다르다는 것을 상정한다. 물론 여기서 말하는 사람됨의-질적-분포는 다른 게 아니라 인격(Personal Quality of Human Being)이다. 따라서 군자의 인격과 소인의 인격은 분명 다르다. 이점을 간파한 공자는 군자에게는 상(上)을 부여했고, 소인에게는 하(下)를 부여했다. 이것이 이른바 *군자상달*이고 *소인하달*이다. 그런데 상달과 하달은 여기서 두 가지로 읽힌다.

---

4 『논어』「헌문」. 子曰 君子上達 小人下達
5 『논어』「계씨」. 孔子曰 君子有九思

• 군자상달
군자가 사람됨이 높은 질적 분포에 도달해 있거나 거기에 도달하려고 하는 것

• 소인하달
소인이 사람됨이 낮은 질적 분포에 도달해 있거나 거기에 도달하려고 하는 것

■ 상달과 하달의 두 차원과 그 의미
● 상태의 달(達)
  상달 — 사람됨이 높은 질적 분포에 도달해 있음
  [High-Quality-ness of Saramdaum]
  하달 — 사람됨이 낮은 질적 분포에 도달해 있음
  [Low-Quality-ness of Saramdaum]
● 진행의 달(達)
  상달 — 사람됨의 높은 질적 분포에 도달하려고 하고 있다
  [reaching to High Quality of Saramdaum].
  하달 — 사람됨의 낮은 질적 분포에 도달하려고 하고 있다
  [reaching to Low Quality of Saramdaum].

이렇게 놓고 보면 군자 Q와 소인 Q는 반드시 질적인 차이를 동반한다. 이때 Q는 사람다움을 운반하는 질로서의 Quality다. 즉 그것이 군자[High-Quality Man of Saramdaum]와 소인[Low-Quality Man of Saramdaum]처럼 말이다. 그런데 여기에는 아직도 규명되지 않은 것이 하나 남아 있다. 과연 그렇다면 사람됨을 무엇으로 볼 것이냐 하는 점이 그것이다. 이 맥락은 유교의 맥락이므로 당연히 사람됨은 인(仁)에 있다. 쉽게 말하면 인(仁)한 사람은 군자요, 그렇지 못한 다시 말해 불인(不仁)한 사람은 소인이다. 실제『중용』제20장에서도 '인은 사람됨이다[仁者人也]'라고 풀이한다.

또한 허신은『설문해자』에서 인(仁)을 두 가지로 풀이하고 있다. 첫째로 인이란 사람됨의 질이 높은 사람이요, 둘째로 인이란 사람의 마음씨다. 이렇게 보면 인이란 사람됨의 질이 높은 사람으로서 그러한 마음씨, 즉 사람됨의 질이 높은 마음씨를 가지고 있는 사람인 것이다. 실

제 인(仁)자에서 이(二)는 고문에서 상(上)을 뜻했다. 여기서 '상(上)이란 높다[高也]'라는 뜻이다.[6] 따라서 인(仁)이란 사람 중에서 사람됨의-질이-매우-높은-사람[上-人]을 뜻하는 것이겠다. 이러한 점을 반영하여 조선조 우리 선학인 *최세진*이 『훈몽자회』(1527)에서 인(仁)을 '클-인'으로 음과 훈을 달은 것은 결코 우연이 아니다. 그러니 인(仁)한 사람은 사람됨의 질이 매우 높은 위치에 있는 큰-사람[大-人]인 것은 분명하다. 이러한 대-인(大-人)의 대표적인 사람을 공자가 군자로 표상했던 것이리라. 따라서 구사법은 인자(仁者)를 만들기 위하여 유교가 만든 다양한 방법 중에서 특별히 율곡이 구용법과 더불어 강조했던 교육방법의 하나였다고 평가할 수 있다. 그러므로 구사법은 오늘날 같이 지식·기능·태도 등을 아이들에게 학습시키는 패러다임과는 전혀 다른 것이고, 사람됨의 질을 강조하거나 그 사람됨의 질을 끌어올리는 방법이기에 사람됨 교육의 동양 전통이다. 이때 배움[學]의 궁극적 목적은 큰 사람[仁者=大人=上人=君子]이 되는 것에 있었고, 가르침[學]의 과정은 사람됨의 질을 끌어올리는 것에 있다는 점에서 소인에서 대인으로 나아가도록 설계되어 있었다.

　　따라서 율곡이 말하는 지혜[智]는 사람의 마음씨인 인(仁)의 가장 효과적인 운용법을 아는 것이자 자신의 몸과 마음을 갈고 닦아 나아가는데 요청되는 존재론적이고 수양론적이며 실천론적인 앎의 총화다. 이 안에서 지혜는 배움의 본질을 찾아가게 하는 존재-지(知), 몸과 마음을 갈고 닦아 나아가도록 도움을 주는 수양-지(知), 그리고 그것들을 일상에서 꾸준히 실행하도록 하는 실천-지(知)라는 삼중의 맥락을 가지고 있는 무엇이다. 그런데 문제는 이런 맥락과 전통이 현재 우리교육에는 거

• 최세진
조선 중기 학자로 아동용 한자 학습서인 『훈몽자회』를 지었다.

6　염정삼, 『설문해자주』 부수자 역해』(서울: 서울대학교출판부, 2007), 20쪽.

의 들어있지 않다는 점이다. 이를테면, 오늘날 아이들에게 공부를 왜 하느냐고 묻자 어느 아이가 큰-사람[大-人]이 되려고 한다고 말했다 하자. 하지만 현재는 이렇게 대답한 아이가 그렇게 대답하지 않은 아이 보다 더 이상한 아이로 취급받는 시대가 되어버렸다. 아무리 시대가 바뀌었고 그에 따른 세계관이 바뀌었다고 하더라도 바꾸지 말고 반드시 지켜내고 발전시켜야 하는 것은 있는 법이다. 그것들 중에서 구사법도 매 한 가지이리라. 바로 전통이라는 이름으로 말이다. 현재 당대 에피스테메를 굳건히 장악하고 있는 수입(정확히, 미국) 교육학에는 이러한 전통이 전혀 없다. 그러니 그것의 우산 아래 설계된 작금의 교육 체제에서는 이런 전통을 교육에서 더 이상 가르치지 않는다.

> 미래를 향하는 유토피아적
> 욕망과 달리 노스탤지어는
> 과거를 그리워하는, 존재하지 않는
> 근원, 잃어버린 '고향'을 그리워하는
> 무망(無望)의 부르짖음이다.[7]

전통의 차이는 패러다임의 차이를 가져오고 그 차이는 교육 체제를 다르게 만들어 버린다. 이것이 담론이 차이를 만든다고 말하는 이치다. 이런 정서가 구사법과 같은 우리 전통을 바라보는 입각점이다. 생각 활동(thinking)만을 보더라도 그렇다. 서구의 교육 전통은 이성적 사고

---

7 임철규, 『귀환』(파주: 한길사, 2009), 17쪽.

의 활동에 초점을 두고 있기에 비판적 사고, 수렴적 사고/발산적 사고, 창의적 사고 등과 같이 사고(thinking)를 교육에서 어떻게 성장·발달시킬 것인가와 같은 데에 초점을 두고 설계된다. 그러나 구사법에서의 생각활동(thinking)과 같이 동양 전통 중 유교에서의 생각활동은 인간의 몸과 마음을 어떻게 제어하여 더 큰 사람이 될 것인가에 초점을 두고 배움이 설계되었다. 이것은 서구 패러다임에서 발견되지 않는 동양만의 아주 독특한 *수양 패러다임*인데 교육에서 현재 패권을 장악한 사람들이 이 점을 무시하고 전통을 서둘러 레테에 흘려보냈다. 따라서 현행 교육과정과 그에 따라 운영되는 교육의 모든 시스템은 이러한 수양 패러다임이 누락되어 있다.[8] 그러니 이 시점에서 율곡이 21세기에 당부하는 구사법의 교육적 메시지는 더욱 절절하다. 우리들은 동양인이자 한국인이다. 그러므로 우리들에게는 서양인과는 다른 고유한 *문화적 유전자(meme)*가 우리 몸속에 흐르고 있다. 이제 우리는 무조건 외국 이론을 수입해 교육에 적용할 것이 아니라 우리들의 고유한 문화적 유전자가 무엇이고 그 유전자 속에 들어있는 문화 DNA 구조를 밝혀내 그것을 창조적으르 계승하고 발전시키는 안목이 더욱 필요하다. 그 중에서 구사법의 전통도 한 예가 될 수 있다. 이것이 이른바 '옛것을 혁신해서 새로운 것으로 정립시키는 일[革故鼎新]'이겠다. 혁고정신하라. 불이 꺼진 구사법의 전원을 켜놓고 말이다. 아직 늦지 않았다. 이제라도 여러분은 구사법을 아이들에게 철두철미하게 가르치도록 하라!

• 수양 패러다임
몸과 마음을 갈고 닦아 큰 사람이 되고자 하는 동양의 심학 전통

• 문화적 유전자
리처드 도킨스가 개념화한 것으로 선대가 후대에게 전해주는 문화 전송의 단위체

---

8 서명석, 「도덕, 윤리, 인성, 그리고 인격: 개념들 간의 가로지르기와 인격교육의 개념틀」, 『인격교육』, 제2권 제1호, 2008, 93-94쪽.

6장

퇴계의 교육철학*

도는 형상이 없고
하늘은 말이 없네
―퇴계

道無形象 天無言語
The Tao is without form and Heaven does not employ speech.

---

* 이 글은 「퇴계교육철학과 현대교육」, 『교육철학』 제50집, 2013, 61-87쪽에 실려 있다.

1. 왜 퇴계인가

초등학생들은 공부에 대하여 어떤 생각을 가지고 있을까? 그래서 나는 실제로 초등학생들을 대상으로 다음과 같은 질문을 던져보았다. "여러분은 공부를 왜 한다고 생각하는가?" 이런 질문에 대하여 초등학교 6학년 어느 아이는 이렇게 대답했다. "대학에 가기 위해서다. 대학을 가야 좋은 곳에 취직을 할 수 있다. 좋은 데에 취직하면 돈을 벌 수 있고 집안을 꾸려 나갈 수 있기 때문이다." 그리고 다른 아이는 "나는 공부를 왜 하는 건지 잘 모르겠다"고 답했다. 이런 답변을 보고서 한 마디 건네자면 한 아이는 공부가 너무 세속화되어 있어 문제가 있고, 다른 아이는 공부의 진정한 의미는 고사하고 공부를 왜 해야 하는지도 모르고 있는 상태라서 문제다.

이번에는 똑같은 질문을 초등학교 5학년 학생들에게 했다. 그 중에서 한 아이는 그 질문에 대하여 다음과 같이 답했다. "나는 공부를 사람이 되기 위해서 배운다고 생각하고 또 커서 훌륭한 사람이 되어 돈도 많이 벌고 사람들에게 인기도 많은 사람이 되기 위해서 공부를 한다." 이 아이는 위의 6학년 두 학생들보다 더 폭 넓게 대답을 한 점이 눈에 띈다. 그 아이는 물론 세속적인 답도 했지만, 위의 두 6학년 아이들 보다 공부의 진정한 의미를 더 잘 알고 있다. 마지막으로 이런 질문을 똑같이 3학년 초등학생들에게도 해보았다. 그 중 어느 학생은 위와 같은 질문에 이렇게 도저하고 웅숭깊게 대답했다. "어른이 되어서 멋이 있고 큰 사람이 되기 위해서." 이러한 물음은 분명 아이들에게 매우 어려운 질문이다. 그래도 그들의 솔직한 답변을 보면 그들의 속마음을 간접적으로 볼 수 있기도 하다. 물론 이런 질문을 대학생들에게 한다면 그들이 위의 초등학생들 보다 더 명쾌하게 대답을 해낼 수 있을지 의문이다.

> (○○)초등학교 (5)학년 이름 : ○○○
>
> * 여러분은 공부를 왜 한다고 생각하는가?
> (자신의 생각을 꾸밈없이 솔직하게 써보세요.)
>
> 나는 공부를 사람이 되기 위해서 배운다고 생각하고 또 커서 훌륭한 사람이 되서 돈도 많이 벌고 사람들에게 인기도 많은 사람이 되기 위해서 공부를 한다.
>
> * 퇴계 이황에 대하여 아는 대로 쓰시오.
> (자신이 알고있는 바를 아주 자세하세 써보세요.)
>
> 조선시대 사람인건 알고있지만 다른 것은 잘 모르겠다.

[그림 6·1] 초등학생의 눈으로 본 공부와 퇴계에 대한 시선

　　위와 똑같이 이런 질문을 퇴계에게도 던진다면 그는 과연 어떤 답을 보여줄까? 우리는 퇴계가 누구인지는 다 알고 있다. 그러나 그의 사상이 정확히 무엇인지 잘 알고 있는 사람은 매우 드물다. 그런 저간의 사정을 [그림 6·1]에서처럼 초등학교 5학년 아이가 극명하게 드러내 주고 있다. 만약 퇴계에게 위와 같은 질문을 던졌을 때 그가 어떤 말을 할지는 아무도 모른다. 그러나 대략 유추는 할 수 있다. 아마 이와 비슷한 버전으로 그는 말했을 것이다. "왜 공부를 해야 하는지 아주 좋은 질문을 했네요. 물론 이 질문에 대하여 각자 나름대로 처한 자리에 맞게 대답을 하겠지요. 그렇지만 나는 뭐니 뭐니 해도 공부란 성인됨을-위해서-하는-배움[爲聖之學]이라고 말하고 싶네요. 그런데 요즈음 대한민국에서 이런 공부를 하는 사람이 과연 있는지요?" 그에게 "없습니다"라고 말하면 지나친 속단일 수 있다. 그러니까 현실적으로 퇴계가 그렸던 공부

가 정말 있는지 아니면 없는지는 보다 정밀하게 따져보아야만 한다.

여기서 다시 퇴계에게 하나만 더 물어보자. "퇴계선생님, 그러면 선생님이 그리려했던 그런 공부 세계에 대하여 구체적인 설계도면을 가지고서 그런 말씀을 하고 계신가요?" "물론이지요. 그 설계도면은 『성학십도(聖學十圖)』(1568)안에 다 들어 있습니다." "나도 하나 묻지요. 요즈음 21세기 대한민국에서는 어떤 설계도면을 가지고 아이들을 교육시키고 있는지 매우 궁금하네요." 이러한 질문을 받았다고 가정하자. 그러면 여러분은 어떤 대답을 하겠는가? 오늘날 현대교육에도 교육의 설계도면은 물론 있다.

• 『성학십도』
퇴계가 편집한 성인됨의 배움을 위한 열 가지 그림

과연 그렇다면 오늘날 교육의 설계도면은 무엇이고, 이것이 16세기 퇴계가 그리고 있었던 그것과 어떻게 다른 것인가? 그리고 이러한 두 설계도면을 진정한 공부의 관점에서 바라보았을 때 오늘날 어떠한 교육적 의미가 각각 담겨 있을까? 이런 문제의식(problématique)을 토대로 해서 퇴계의 사유방식을 통하여 오늘날의 교육 패러다임을 비판해 보도록 하겠다. 그런 다음 <u>현대교육 패러다임</u>에 문제가 있다면 우리교육이 장차 어떠한 방향으로 나아가야 하는지도 동시에 궁구된다.

• 현대교육 패러다임
교수-학습 패러다임과 같다.

2. 현대 초중등교육과정담론

오늘날 위에 등장하는 학생들은 어떤 교육을 받고 있을까? 두말할 것도 없이 그들이 받고 있는 교육은 현대교육(modern education)이다. 이때 현대교육은 '바로-지금' 우리교육을 철두철미하게 지배하고 있는 담론의 어떤 질서를 말한다. 그런 질서를 알아보는 것의 가장 대표적인 방법으로는 현대교육의 골간이 되는 국가수준교육과정을 먼저 점검하는 일이다. 그리고 국가수준교육과정은 일반적으로 문서화된 교육과정으로 드러난다.[1] 그 중에서 가장 핵심적인 문서가 교육부 고시 제2015-74호로 공포된 2015 개정 교육과정 〈초·중등학교 교육과정 총론〉이다.[2] 이 자료를 보면 현대교육과정의 지남이라 할 수 있는 학교급별 교육목표가 아래와 같이 적시되어 있다.

■ 초등학교 교육목표

초등학교 교육은 학생의 일상생활과 학습에 필요한 기본 습관 및 기초 능력을 기르고 바른 인성을 함양하는 데에 중점을 둔다.

① 자신의 소중함을 알고 건강한 생활 습관을 기르며, 풍부한 학습 경험을 통해 자신의 꿈을 키운다.
② 학습과 생활에서 문제를 발견하고 해결하는 기초 능력을 기르고, 이를 새롭게 경험할 수 있는 상상력을 키운다.
③ 다양한 문화 활동을 즐기고 자연과 생활 속에서 아름다움과 행복을 느낄 수 있는 심성을 기른다.
④ 규칙과 질서를 지키고 협동정신을 바탕으로 서로 돕고 배려하는 태도를 기른다.[3]

---

1 N. Shambaugh & S. G. Magliaro, *Instructional Design* (Boston: Pearson, 2006), p. 308.
2 해당 자료의 전문이 필요한 경우 〈국가교육과정 정보센터(www.ncic.go.kr)〉를 방문하라. 그곳에서 자료를 다운로드할 수 있다.
3 〈초·중등학교 교육과정 총론〉(교육부, 2015), 4쪽.

▣ 중학교 교육목표

중학교 교육은 초등학교 교육의 성과를 바탕으로, 학생의 일상생활과 학습에 필요한 기본 능력을 기르고 바른 인성 및 민주 시민의 자질을 함양하는 데에 중점을 둔다.

① 심신의 조화로운 발달을 바탕으로 자아존중감을 기르고, 다양한 지식과 경험을 통해 적극적으로 삶의 방향과 진로를 탐색한다.
② 학습과 생활에 필요한 기본 능력 및 문제 해결력을 바탕으로, 도전정신과 창의적 사고력을 기른다.
③ 자신을 둘러싼 세계에서 경험한 내용을 토대로 우리나라와 세계의 다양한 문화를 이해하고 공감하는 태도를 기른다.
④ 공동체 의식을 바탕으로 타인을 존중하고 서로 소통하는 민주 시민의 자질과 태도를 기른다.[4]

▣ 고등학교 교육목표

고등학교 교육은 중학교 교육의 성과를 바탕으로, 학생의 적성과 소질에 맞게 진로를 개척하며 세계와 소통하는 민주 시민으로서의 자질을 함양하는 데에 중점을 둔다.

① 성숙한 자아의식과 바른 품성을 갖추고, 자신의 진로에 맞는 지식과 기능을 익히며 평생학습의 기본 능력을 기른다.

---

4 〈초·중등학교 교육과정 총론〉(교육부, 2015), 5쪽.

② 다양한 분야의 지식과 경험을 융합하여 창의적으로 문제를 해결하고, 새로운 상황에 능동적으로 대처하는 능력을 기른다.
③ 인문·사회·과학기술 소양과 다양한 문화에 대한 이해를 바탕으로 새로운 문화 창출에 기여할 수 있는 자질과 태도를 기른다.
④ 국가 공동체에 대한 책임감을 바탕으로 배려와 나눔을 실천하며 세계와 소통하는 민주 시민으로서의 자질과 태도를 기른다.[5]

이런 목표에 따라 학교급별로 교과(군) 등을 편성하고 그에 따른 해당 영역의 시수인 단위 배당 기준을 국가가 법률로 정해놓고 학교에서 그렇게 학생들을 교육시키도록 강제하고 있다. 여기서 법률로 강제한다는 의미는 해당 학교에서는 반드시 그렇게 가르쳐야 한다는 법적 구속력을 뜻한다. 그런데 위의 학교급별 교육목표만을 가지고는 현대교육담론의 실체를 파악하는 데에는 역부족이다. 왜냐하면 학교급별 교육목표는 망원경으로 현대교육의 전체적인 윤곽선만 그려주기 때문이다. 더 미시적으로 들어가서 교육이 실제 일어나고 있는 교실상황을 현미경으로 관찰해 보아야만 현 담론의 *당체(當體)*가 포착된다.

• 당체
핵심적인 바로 그것 그 자체

여기서 다시 서두에 등장했던 아이들에게로 돌아가 보자. 그들이 학교에 갔을 때 하게 되는 주요한 일은 무엇일까? '학교에 가면 아이들은 당연히 공부를 하겠지'라고 답할 수도 있다. 더 구체적으로 말해서 그들이 하는 공부는 대체 무엇인가? 누가 이렇게 물어본다면 나는 학습(learning)이라고 말하겠다. 즉, 아이들은 학교에서 교사의 안내를 받으면서 학습을 한다. 그런데 학습이라는 용어는 동양 전적에서 흔

---

5 〈초·중등학교 교육과정 총론〉(교육부, 2015), 6쪽.

히 발견되는 배움[學]과는 질적으로 전혀 다른 것이고, 미국 교육학에서 수입된 학술용어다. 그러면 어떻게 학습을 규정하고 있는지 보도록 하자: "…we'll define **learning** as a long-term change in mental presentations or associations as a result of experience."[6] 이 영문을 번역하면 "학습이란 경험의 결과로서 머릿속에서 표상과 연상 작용으로 만들어낸 장기적인 변화다." 그렇지만 이것만으로도 무언가가 부족하다. 학교에서 학습이 도대체 무엇인지 속 시원한 결착이 필요하다. "…learning is what students take from classrooms in three classes of outcomes: **knowledge**(facts, concepts, generalization), techniques(processes, **skills**, abilities), and values(norms, **attitudes**, appreciations, aversions)."[7]

　　방금 제시한 내용은 일단 번역이 필요하다. 우리말로 바꾸어 놓으면, "학습이란 학생들이 교실에서 얻어 가게 되는 세 부류의 결과물들이다. 그것들에는 첫째, **지식**(사실, 개념, 일반화)이고 둘째, 기술(각종 과정, **기능**, 능력)이며 셋째, 가치(각종 규범, **태도**, 평가, 혐오)이다." 이것을 약칭해서 현대 교육심리학에서는 K·S·A라고 부른다. 이때 K·S·A는 방금 위에서 든 결과물들의 세 부류 중에서 각 영역을 대신하는 대푯값으로서 지식(knowledge)이라는 K, 각종 기능(skills)이라는 S, 그리고 각종 태도(attitudes)라는 A의 머리글자에서 따온 것이다. 학생들이 학교에서 얻게 되는 경험의 결과가 학습이라면 그 종류는 대략 K·S·A의 세 종류로 압축된다고 볼 수 있다. 실제로 이런 K·S·A가 교실에서 어떻

6　J. E. Ormrod, *Human Learning* (6th ed.) (Boston: Pearson, 2012), p. 4.

7　E. J. Sowell, *Curriculum: An Integrative Introduction* (New Jersey: Prentice-Hall, 2000), p. 4.

게 가르쳐지고 있는지 아래의 교수-학습 과정안을 살펴보면 더욱 또렷해진다. [그림 6·2]와 [그림 6·3]의 학습목표를 주의 깊게 읽어보고 K·S·A를 찾아보라.

사회과 교수-학습 과정안				
단 원	1. 경제생활의 바람직한 선택	수업일시		
		대상 및 장소	4학년 2반 22명 (4-2교실)	
교 과 서	사회 41~42쪽, 사회과탐구 44~46쪽	수업차시	13/15 차시	
학습주제	소비자 문제 해결 과정 알아보기	수업모형	사회과 창의적 문제해결학습을 위하여 수정된 CPS 모형	
교과학습 목표	• 소비자 문제를 해결하는 과정을 이해하고, 적극적으로 해결하려는 태도를 가진다.			
창의인성 목표	• 역할 내 교사 방법을 적용하여 소비자 문제 해결 과정을 역할극으로 꾸밀 수 있다. • 모둠별 협동 활동에 적극적으로 참여하여 협동심과 배려하는 태도를 기를 수 있다.			
교수학습 자료	• 교사: 동영상, 머리띠(역할극용), 모둠별 액션러닝 상자, 학습지 • 학생: 사회 창의노트, 소비자 문제 해결 조사 자료			
학습단계 (시량)	교수·학습 활동		창의인성 요소 창의사고 기법	자료(◎)및 유의점(☆)
도입 (3분)	▶ 전시학습 상기 ○소비자의 권리와 책임에 대해 떠올리기 ▶ 소비자 피해를 입었던 경험 나누기 ○내가 아끼는 물건이 고장나거나 망가졌을 때의 기분을 다섯 글자로 압축해서 포스트잇에 써보고 모둠별로 느낌 나누기 ○모둠별로 다섯자 표현을 발표해보고, 그 때 내가 어떻게 그 문제를 해결했는지 이야기 해보기		흥미 독창성 개방성 배려 #액션러닝	◎액션 러닝 상자
문제 발견하기 (2분)	▶ '소비자 역량지수'에 대한 영상 시청하기 ○영상을 보고, 우리 국민들의 소비자 역량 지수에 대해 생각하기 ○현재 우리나라 소비자 역량은 어떠하였나요? 그리고 올바른 소비자가 되기 위해서 노력해야 할 점은 무엇인가요? –소비자의 권리를 주장하는 능력은 뛰어나지만 소비자 문제 해결을 어떻게 해야 할지 잘 알지 못합니다. –올바른 소비자가 되기 위해서는 소비자 문제가 발생했을 때 어떻게 해야 할지 잘 알아야 합니다. ▶ 학습문제 파악 소비자 문제를 이해하고 적극적으로 해결하려는 태도를 가져 봅시다. ▶ 학습활동 안내 [활동1] 소비자 문제 해결 과정 알아보기 [활동2] 소비자 문제 해결 과정 표현하기		호기심 민감성	◎동영상 ('소비자의 힘' 당신의 역량은?) ☆'역량'이란 단어의 의미를 쉽게 풀어서 설명해 준다.
자료 분석 및 탐구 (5분)	[활동 1] 소비자 문제 해결 과정 알아보기 ▶ 소비자 문제 해결 과정을 단계별로 살펴보기 ○모둠원끼리 소비자 문제 해결 사례에 대해 서로 조사한 내용을 공유하기 ○물건이 고장 나거나 하는 소비자 문제가 발생하였을 때, 주로 어떻게 해결할		개방성 자발성 경청 #도미노	◎사회 창의노트 및 조사자료 ☆모둠원 모두에게 골고루 발언기

[그림 6·2] 교수-학습 과정안⟨I⟩

창의 · 인성 교수학습과정안

(국어(읽기) 과) 교수·학습 과정안				지도교사	(인)
단원	3. 생각과 판단			지도교생	
제재	낱말의 의미를 파악하며 글 읽기			학 반	5학년 별님반
학습목표	낱말의 의미를 파악하며 글을 읽을 수 있다.			일 시	
				장 소	5학년 별님반 교실
학습의 흐름	전시 (4/5)	본시 (5/6)	차시 (5/6)	학습모형	지식 탐구 학습 모형
	낱말의 의미를 파악하며 글 읽기 1	낱말의 의미를 파악하며 글 읽기 2 (읽기 70~79)	낱말의 의미 파악하며 글 읽기	학습집단	전체-개별-전체
준비물	교사: 카멜레온 동영상, PPT 자료(교과서 발췌 지문, 짧은 글 예시문, 편지글) 학생:				

창의성 교육 요소								인성 교육 요소						
문제해결	독창성	융통성	정교성	유창성	민감성	자발성	호기심	집착성	나눔배려	자기존중	친절	정직	용서	책임	예절	질서	공정
O		O					O							O			

단계	학습 요소	교수·학습활동		시간(분)	자료(★) 및 유의점(※)
		교사 활동	학생 활동		
문제 확인 하기	전시학습 상기 및 동기 유발	▶카멜레온 동영상을 보여주고 이 동영상을 보여주는 이유가 무엇일까 생각하게 함으로써 오늘 학습 문제를 소개한다.	▷카멜레온의 특징으로부터 문맥에 따라 여러 가지 의미로 쓰이는 낱말의 의미를 찾으며 오늘 학습을 준비한다.	5	★ 카멜레온 동영상
	학습문제 확인	<학습 문제 안내> 낱말의 의미를 파악하며 글을 읽어보자. <학습 활동 안내> [활동1] 교과서 속 카멜레온 [활동2] 여러 가지 짧은 글 속 카멜레온 [활동3] 한 통의 편지 속 카멜레온			
자료 탐색 하기	사례 탐구	■[활동1] 교과서 속 카멜레온 ▶지난 시간에 읽은 '우정에 대하여' 지문에 나온 '보다'의 문맥에 따른 여러 가지 뜻을 파악하도록 한다. • 이 부분에서 "보다"는 어떤 의미로 쓰였습니까? • 무엇을 보고 그렇게 생각하였나요? • 다른 말로 바꾼다면 어떻게 바꿀 수 있나요?	▷지난 시간에 읽은 '우정에 대하여' 지문에 나온 '보다'의 문맥에 따른 여러 가지 뜻을 파악한다. - 만나다 라는 뜻으로 쓰인 것 같습니다. - 자주 보지 않는다는 뜻이 자주 만나지 않는다는 뜻이기 때문입니다. - '만나지'로 바꾸면 될 것 같습니다.	13	★ PPT자료 ※ 무엇을 보고 그렇게 생각하는지, 또 바꾸어 쓸 수 있는 말에는 어떤 것이 있는지를 함께 묻는다.

[그림 6·3] 교수-학습 과정안⟨2⟩

그런데 우리 교과교육학은 K·S·A로 끝나는 것이 아니다. 학교 급별 교육목표를 달성하기 위하여 여러 교과 등을 두고 있는데 각 교과들 마다 필요하다고 인정되는 K·S·A를 각 교과교육과정별로 만들어낸다. 그런 다음 이 K·S·A를 인지적 영역(CD: Cognitive Domain)·정의적 영역(AD: Affective Domain)·운동기능적 영역(PD: Psychomotor Domain)으로 잘게 세분한 뒤 교사는 교수(teaching)를 통하여 그것들을 학생들에게 학습(learning)시킨다.[8] 이런 패러다임 안에서 교육은 교사의 수업(instruction)을 통하여 이루어진다. 물론 여기서 인스트럭션의 번역어인 수업은 학교에서 교사가 교수-학습을 조율하는 고도의-전문적-활동[expertise]이다. 이런 점은 다음과 같은 수업에 대한 정의에서도 더욱 도드라진다. ● "Instruction is the process of teaching, educating, and engaging students with content."[9] 이런 내용은 번역이 불필요할 것 같다. 하여간 방금 본 인용문 중에서 마지막에 등장하는 내용(content)은 학생들의 학습거리이고, 이것은 다시 K·S·A로 묶어질 것[物·thing]이며, 이것은 또다시 교사가 CD, AD, 그리고 PD로 삼분한 뒤 학생들에게 제공하는 어떤 구체적인 내용물임(some-thing-of-contents)에 틀림없다.

    따라서 현대교육은 학생들의 입장에서 보면 학습 패러다임이 되고, 교사의 입장에서 보면 수업 패러다임이 된다. 이렇게 학습 패러다임과 수업 패러다임은 현대교육의 가장 강력한 설계도면이다. 그리고 이러한 설계도면은 국가수준교육과정을 달성하기 위해서 각종 교과나 프로그램 등에서 각각 뽑아낸 K·S·A와 CD·AD·PD를 주원료로 해서 현대교육이라는 집을 짓는다. 이러한 맥락에서 보면 K·S·A와 CD·AD·

---

8 D. R. Cruickshank, D. B. Jenkins, & K. K. Metcalf, *The Act of Teaching* (6th ed.) (New York: McGraw-Hill, 2012), pp. 176-179.

9 C. A. Tomlinson & M. B. Imbeau, A *Differentiated Classroom* (Alexandria: ASCD, 2010), p. 22.

• 물-학
구체적으로 정해 놓은 내용물에 대한 학습

• 물학 패러다임
구체적으로 정해 놓은 내용물에 대한 학습을 강조하는 교육체제

PD는 학생들이 학교에서 반드시 배워야 하는 내용물이기에 *물-학[物-學]· learning of K · S · A and/or CD · AD · PD]*으로 판정될 수 있다. 이런 물-학에서 학은 당연히 학습이고 물은 초중등교육과정에서 규정해 놓은 것이자 반드시 가르쳐야 하는 구체적인 내용물을 가리킨다. 따라서 물학이란 다른 것이 아니라 문서화된 초중등교육과정을 최대한 반영하여 만들어 놓았거나 만들어 가는 각종 내용[物=content=thing]에 대한 학습이다. 이것이 이른바 현대교육의 거대 담론인 *물학 패러다임*인 것이다.

3. 퇴계심학담론

이렇게 해서 현재 초중등교육과정담론이 물학 패러다임임이 판명되었다. 그러면 그것의 판단기준이 도대체 무엇이란 말인가? 서두에서 읽었던 바대로 "공부를 왜 하느냐?"는 물음에 대한 초등학생들의 대답 안에 이에 대한 해결의 실마리가 들어 있다. 그런 질문에 대하여 몇몇 아이는 "사람이 되기 위해 공부를 한다", "큰 사람이 되기 위하여 공부를 한다", "훌륭한 사람이 되기 위하여 공부를 한다"고 말했다. 그럼 여기서 돌발적인 질문을 하나 던져보자. 지금 우리교육이 그토록 신봉하고 있는 물학 패러다임으로 공부를 한다면 초등학교 아이들이 지적한 "사람다운 사람", "큰 사람", "훌륭한 사람"이 될 수 있을까? 아마 어려울 것이다. 이 시점에서 위에 제시해 놓은 현대교육의 초중등 교육목표를 다시 정독할 필요가 있다. 그리고 진지하게 되물어야 한다. 그러한 교육목표들을 가지고 "사람다운 사람", "큰 사람", "훌륭한 사람"을 과연 만들어 낼 수 있을까? 아무래도 힘들겠다. 왜냐하면 아무리 눈 씻고 보아

도 거기에는 성학적 요소가 들어 있지 않기 때문이다. 이때 *성학(聖學) · Sage Learning)*이란 성인됨을-위한-배움(Learning to be A Sage)을 말한다. 그리고 또 성인됨을-위한-배움을 *심학(心學) · Learning for Self-Cultivation)*이라고도 한다. 이런 심학의 세계를 그림으로 표현해 놓은 것이 이른바 오른쪽 [그림 6·4]에 제시되어 있는 「심학도」다. 원래 이 그림은 퇴계의 창작물이 아니라 원나라 때 성리학자이였던 정복심이 그림을 그리고 그것을 해설해 놓은 것인데, 이를 퇴계가 가져다가 『성학십도』중 제8도에 배치해 놓았다.

아이들의 대답을 더 주목해 보자. 어느 아이는 사람이 되기 위해 공부를 한다고 말했다. 그런데 이런 표현은 다소 오해의 소지가 있다. 그것은 이런 것이다. 만약 이런 표현을 서구인이 들었다면 그들은 바로 오해할 수도 있다. 그 아이가 이미 사람인데 다시 사람이 되려고 하다니 서구인의 시선으로는 도저히 납득이 되지 않을 것이다. 이것은 우리들의 오랜 문화적 전통 때문에 그런 말을 하는 것인데, 이것을 어법에 맞게 다시 고치면 "나는 사람다운 사람이 되기 위하여 공부를 한다"가 된다. 이때 '사람다운 사람'을 유교의 전통에서는 '어진-사람[仁-者]'으로 푼다. 따라서 이런 맥락을 실어 놓고 그 아이의 대답을 다시 고쳐 놓으면 이렇게 변주될 수 있다. "나는 어진-사람[仁-者]이 되려고 공부를 한다." 이러한 정서가 오랫동안 유교 문화권에서 살았던 우리들에게는 *문화적 유전자(meme)*로 고스란히 남아 있다. 그러니까 어린 초등학생의 입에서도 자연스럽게 그런 말이 나오는 것이다.

다음으로 어느 아이는 "큰 사람이 되기 위해서 공부를 한다"고 말했다. 이때 큰 사람도 똑같이 오해의 소지를 품고 있다. 다시 말하면 여기서 큰 사람이란 신체적으로 키가 크고 체중이 많이 나가는 그런 사람을 지칭하는 것이 절대 아니다. 큰 사람을 공자는 『논어』 곳곳에서 '대인(大人)'이라고 하였고 그렇지 못한 사람을 '소인(小人)'이라고 불렀다. 이

• 성학
인격의 완성자인 성인되기를 지향하는 배움

• 심학
몸과 마음을 갈고 닦는 동양의 수양 전통

• 문화적 유전자
리처드 도킨스가 만들어낸 개념으로 선대가 후대에게 전해주는 문화 전송의 단위체다. 이 단위체가 '밈'이다.

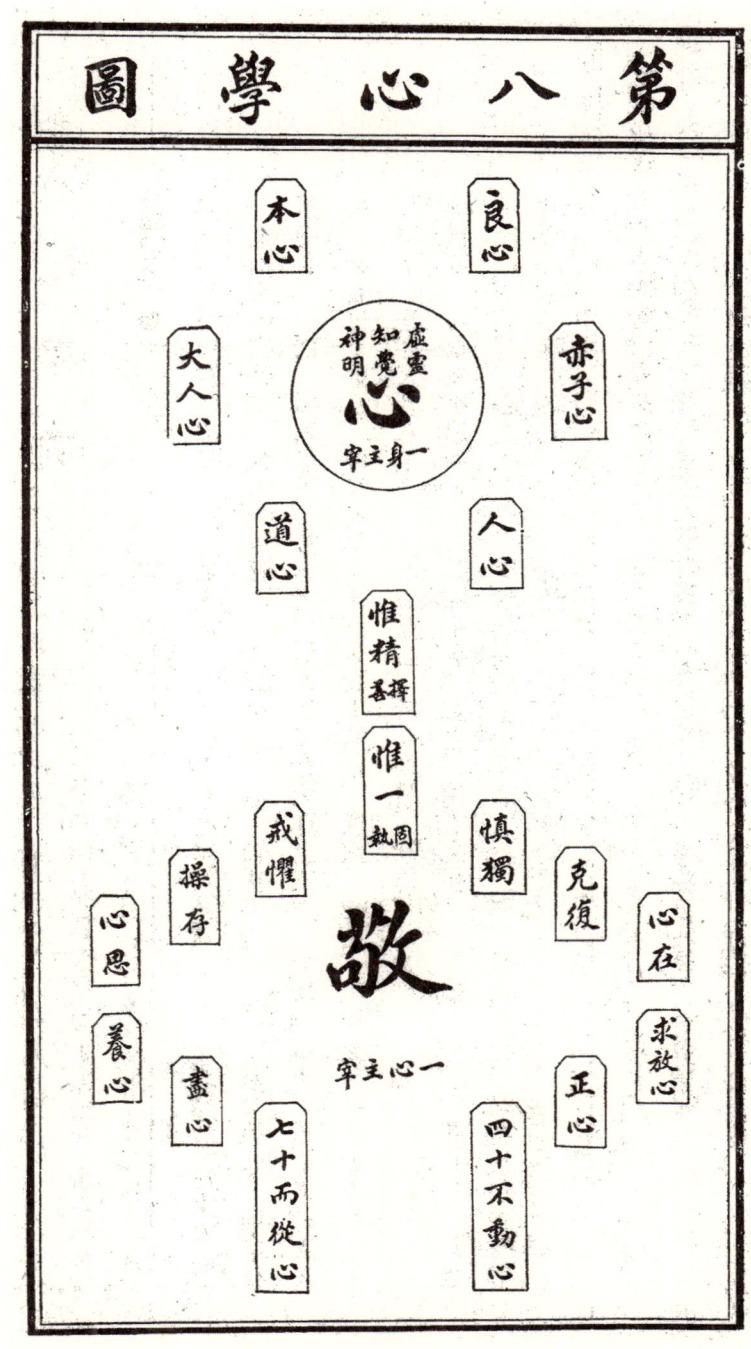

[그림 6·4] 『성학십도』 제8 「심학도」

때 대인과 소인 개념은 사람됨의-질[仁·Personal Quality of Human Being]의 높고[上也=高也] 낮음[下也=低也]을 뜻하는 유가적 메타포다. 이런 점을 그 초등학생이 알고 말한 것인지 모르겠지만 분명한 것은 그가 말한 '큰 사람'은 유교의 전적에서 아주 빈번히 등장하는 '대인'을 말하는 것으로 볼 수 있다. 그러면 당연히 대인은 훌륭한 사람이고 소인은 훌륭하지 못한 사람이 된다. 따라서 어느 초등학생이 말한 대로 "훌륭한 사람이 되기 위하여 공부를 한다"는 점은 "인격적으로-뛰어난-사람[大人]이 되기 위하여 공부를 한다"라고 해석하는 것이 맞다. 이것은 어디까지나 유교의 맥락이다. 그 중에서 대인과 같이 인격적으로 뛰어난 사람 중에서 최상위의 사람이 성인(聖人·Sage)이다. 이런 내용을 다루는 것이 성학담론이고, 이것을 취급하는 대표적인 저작물이 퇴계의 『성학십도』인 것이다. 『성학십도』는 글자 그대로 성학을 열 가지 그림으로 설명하고 있기에 분량이 매우 크다. 그래서 나는 제8「심학도」만을 성학의 관점에서 다루어 보도록 하겠다.

그런데 성학에는 대전제가 있다. ● 인간은 누구나 성인이 될 수 있다! 이것이 대전제다. 이런 대전제의 기반 위에 성학의 건축물이 정초된다. 이것을 유교의 도통으로 따지면, 공자가 말한 사람됨의 가능근거로서의 인(仁)이요, 인간 본성에 대한 낙관적 전망인 맹자의 성선(性善)이 그것들이다. 이들의 수원지에서 물을 공급받아 성학이라는 들녘에 <u>수양(Self-Cultivation)</u>의 곡식들이 자란다. 다음으로 중전제가 있다. ● 마음을 잘 갈고 닦는 자만이 성인이 될 수 있다! 이 말은 인간이라면 누구나 성인됨의 가능 근거를 갖고 태어나지만, 모든 사람이 다 성인이 되는 것은 절대 아니다. 얼마나 열심히 자신의 마음을 갈고 닦느냐에 따라 성인이 될 수도 있고 그렇지 않을 수도 있다는 뜻이다. 마지막으로 성학에는 소전제가 있다. ● 성인이 되기 위해서 마음을 갈고 닦는 데에는 구체적인 방법이 있다! 이것이 이른바 지경법이다. 이러한 대전제, 중전제, 그

• 수양
몸과 마음을 갈고 닦는 활동에 대한 통칭

리고 소전제가 모여 성학 패러다임을 만든다.

■ 성학 패러다임[SLM paradigm]의 골격
① ● 대전제_ • 배움[學]의 목적_ • 성학(聖學·Sage Learning)
② ● 중전제_ • 배움[學]의 내용_ • 심학(心學·Learning to be A Sage)
③ ● 소전제_ • 배움[學]의 방법_ • 지경(持敬·Maintaining Mindfulness)

이를 정교하게 풀어내도록 하자. 다시 묻는다. "공부는 왜 하느냐?" "성인이 되려고 한다." 이것이 SLM 패러다임의 대전제인 성학이다. 그러나 이것만으로는 너무 막연하다. 여기까지 성학은 숨은 그림 찾기와 같다. 다시 중전제로 넘어가면 성학은 심학으로 더욱 구체화된다. 이때 심학이란 마음속의 본성을 갈고 닦아 성인이 되려는 배움이다. 이렇게 규정해 놓았을 때, '마음속의-본성을-갈고-닦는 것'이 심학의 내용이 된다. 마음속의 본성을 갈고 닦는다고 할 때 이런 표현은 어디까지나 비유적인 설정일 뿐 실제로는 갈고 닦을 마음이 숫돌이나 거울처럼 구체적 물건으로 존재하는 것은 아니다.

그러면 우리 마음은 어떤 형태로 존재하는 것일까? 우리 마음 안에는 두 개의 집이 있다. 그 하나가 <u>도심(道心)</u>의 집이요, 다른 하나는 <u>인심(人心)</u>의 집이다. 이것이 이른바 인심도심설인데, 이 맥락에서 도심이란 인간이 인간의 본성[사단과 사덕]으로 가득 차 있는 마음이며, 인심이란 인간이면 누구나 가지고 있는 공통적인 마음을 말한다. 그리고 또 인심에서 인욕이 피어날 수 있는데 이때 인욕이란 인간의 이기적인 마음이다. 이렇듯 인심은 언제라도 인욕으로 미끄러질 수 있는 태생

• 도심
사단과 사덕으로 가득 찬 마음

• 인심
욕망하는 마음인데 인욕으로 나아갈 수 있는 마음

적 난점을 가지고 있는 셈이다. 인심과 인욕을 구분하는 비근한 예를 하나 들어 보겠다. 식사 시간을 놓친 여러 친구들이 한 자리에 모여 점심을 같이 한다고 하자. 이때 배고픔은 누구나 가지고 있는 욕망이다. 이런 욕망은 인심이다. 그런데 한 사람이 유독 맛있는 반찬을 독차지하고 그것만을 집중적으로 먹고 있다. 이런 그의 마음은 욕심이며 다르게 말하면 그런 마음이 인욕이 된다. 위의 [그림 6·4] 중에서 〈상도〉가 이런 도심과 인심의 세계를 취급하고 있다. 여기서 인심과 도심은 한 마음에서 보여 줄 수 있는 두 가지 다른 형태다[一心二狀]. 이 두 가지를 제외하고 〈상도〉의 심권(心圈)을 둘러싼 그 밖에 것들은 마음의 별칭들이다.

    물론 심학의 목적은 우리 마음이 항상 도심을 잃지 않고 살도록 하는 것이며, 설사 도심을 잃고 인심에 산다 하더라도 인심을 잘 관리하여 인심이 인욕으로 미끄러지지 않도록 하는데 있다. 이렇게 본다면 심학은 철저하게 치심(治心)의 차원이다. 왜냐하면 인간이 자신의 마음을 잘 다스릴 수 있느냐 없느냐가 존재의 질을 가늠하는 열쇠이기 때문이다. 다시 말하면 도심인 인간의 본성이 기질의 방해로 인하여 본성 그 자체가 흐려질 수도 있고, 인심이 인욕으로 미끄러지는 욕망의 관성 때문에 인심이 혼란에 빠질 수 있다. 이런 기질과 인욕을 다스리는 치심은 심학에서 매우 중요한 지점으로 떠오른다.

    이런 치심의 차원을 다루는 것이 심법(心法)이다. 심법을 나이브하게 말하면 마음의 방법이지만 성학의 구도에서 심법이란 두 가지 의미로 쓰인다. 그 하나는 광의의 용법으로 SLM 패러다임, 즉 〈성학—심학—지경〉 전체를 아우르는 것이다. 다른 하나는 협의의 용법으로 지경 전략만을 뜻한다. 여기서는 협의로 써서 치심 전략으로서의 지경(持敬)의 문제로 집중해보면, 지경은 심학의 방법적 원리가 된다. 이 지점에서 퇴계가 이런 지경을 어떻게 보고 있는지 그의 육성을 통하여 경청해 보자.

• 치심
마음을 다스리는 활동

• 지경
치심의 구체적 방법론

요약해 보자면, 리(理)와 기(氣)를 겸하고 성(性)과 정(情)을 통섭하는 것이 마음입니다. 그리고 성(性)이 발현하여 정(情)이 되는 순간이 한 마음의 기미가 여러 측면으로 분화되는 중요한 경계이며 바로 이 순간에 한 마음이 선과 악으로 갈라지는 것입니다. 배우는 사람은 정성스럽게 지경(持敬)에 전념하고, 천리(天理)와 인욕(人欲)을 구별하여 더욱 지경(持敬)으로 조심해야 합니다. 본성(本性)이 발현하지 아니하였을 때에는 존양(存養)하는 공부를 충실히 할 것이며, 본성이 이미 발현되었을 때에는 성찰(省察)하는 습관이 몸에 배어야 합니다. 진실을 쌓듯이 오래도록 이[존양과 성찰]를 쉬지 않고 계속 노력하면, 이른바 정일(精一)·집중(執中)의 성학(聖學)과 존체(存體)·응용(應用)의 심법(心法)이 모두 다 밖에서 구할 필요 없이 지경(持敬)에서 얻어질 수 있습니다.[10]

4. 물학과 심학이 함께 하는 교육 패러다임

전통담론은 완벽하게 해독할 수 없는 잔여를 남긴다. 성학도 그렇다. 왜냐하면 시차 때문에 그렇다는 뜻이다. 16세기 퇴계가 사용했던 언어는 오늘날 우리에게 통용되는 언어와 다르다. 위에서 퇴계가 말한 리기(理氣)가 그렇고, 정일(精一)·집중(執中)과 존체(存體)·응용(應用)이

---

10 『성학십도』「심통성정도」. 要之兼理氣 統性情者心也 而性發爲情之際 乃一心之幾微萬化之樞要 善惡之所有分也 學者誠能一於持敬 不昧理欲而尤致謹於此 未發而存養之功深 已發而省察之習熟 眞積力久而不已焉 則所謂精一執中之聖學 存體應用之心法 皆可不待外求 而得之於此矣

또 그렇다. 그래서 해석이 필요하다. 유가의 심성학은 인간의 마음이 성(性)과 정(情)으로 되어 있다고 바라본다. 이때의 성은 인간의 본성이자 도심으로서의 천리를 말하고, 정은 칠정으로 인심과 인욕을 말한다. 그런데 퇴계는 고봉과 함께 한 사단칠정의 논쟁에서 리(理)를 사단에 배치하고 기(氣)를 칠정에 배속했다. 이런 사단은 인간의 본성이자 도심이며 천리의 다른 표현이다. 칠정은 좀 전에 말한 대로 인심과 인욕의 세계다. 또한 퇴계는 「천명도설」에서 "사람의 마음은 …리기(理氣)의 집으로 되어 있다[人之心…爲理氣之舍]"고 말했다.

이런 퇴계의 주장을 받아들이면 사단은 리(理)의 집에 살고 칠정은 기(氣)의 집에 살고 있는 무엇이다. 여기서 문제가 일어난다. 문제란 다른 것이 아니라 리기가 무엇인지 현대인들이 보면 전혀 감이 오지 않는다는 그 점이다. 오늘날 리와 기는 사멸어는 아니다. 예를 들어, 현재에도 "그럴 '리'가 없다"에서 '리'가 쓰이고 있고, "그 사람의 '기' 좀 살려라"와 같이 '기'가 쓰인다. 그러나 퇴계가 말하는 리기는 방금 예를 든 그것들과는 아무런 연관이 없는 개념이다. 또한 리기는 오늘날의 용어로 정확한 번역이 불가능하다. *리기(理氣)*란 당시 중세인들이 세상(또는 세계)을 설명하기 위하여 개발해낸 일종의 사유의 틀이다. 리는 그 중에서도 드러나는 세계 보다는 감추어진 세계를 지배하는 모종의 본질이나 원리에 가까운 개념이고, 기는 감추어진 세계 보다는 드러나는 세계를 보여주는 모종의 현상이나 사실에 가까운 개념이다. 이런 리기의 설명도 위 퇴계 인용문 맥락 안에서 만으로 한정된다. 이런 점 때문에 고봉의 반론에도 불구하고 퇴계는 <리(理) ≒ 사단(四端), 기(氣) ≒ 칠정(七情)>으로 보았다.

다음으로 정일(精一)·집중(執中)이다. 이것은 유가에서 심학의 출발점으로 평가받고 있는 『서경』「우서」<대우모>에서 뽑아온 내용 중 일부다. 그 내용을 보자면, 그것이 "인심은 위태롭고, 도심은 미미하니, 정

• 리기
어떤 세계를 설명하는 성리학의 개념 체계

밀하고 전일하게 진실로 그 중심을 잡으라"[11]이다. 따라서 정일(精一)은 *유정유일(惟精惟一)*에서 따온 것이며, 집중(執中)은 *윤집궐중(允執厥中)*에서 가져와서 줄인 것이다. 두말할 것도 없이 윤집궐중에서 중심은 인심이 아니라 도심에 있다. 즉 윤집궐중은 인심이 인욕으로 항시 치닫는 성향 때문에 매우 위태로우니 도심이 비록 자취가 없어서 희미하다 하더라도 도심에 무게의 중심을 두라는 뜻이다. 그런데 아직도 존체(存體)·응용(應用)이 남아 있다. A와 B가 있을 때, 이 둘 사이에 여러 관계가 있을 수 있다. 그 중에서 A와 B가 체용(體用)의 관계에 있을 때도 있다. 이때 체용은 A가 본체가 되고 B가 작용이 되는 둘 사이의 관계 구조를 말한다. 이렇게 보면 존체(存體)는 본체를 보존하는 것이며, 응용(應用)은 작용에 응용하는 것이다. 여기서 '본체를 보존하는 것[存體]'은 '본성을 잡아두고 기르는 활동'인 '존양(存養)'과 같은 개념이며, 이미 마음이 인심으로 넘어가서 작용을 할 때 그 인심이 인욕으로 타락하지 않도록 마음을 잘 운용되도록 해주는 법이 응용(應用)의 개념이다. 물론 존체(存體)·응용(應用)을 모두 잘 할 수 있도록 보다 높은 차원에서 지휘·감독해주는 역할을 하는 어떤 것이 있는데 그것은 당연히 경(敬)이다. 이런 점에 때문에 경은 심학의 총체적인 지휘자이자 감독관의 위치에 있게 됨으로써 그 어떤 것[몸을 포함한 마음·心·mind-and-heart] 보다도 위에 있는 마음, 즉 *메타-마음(meta-mind)*이라는 지위와 위상을 갖게 된다. 그러면 이런 경을 우리가 어떻게 써야 할까?

• 유정유일

오로지	유
정밀한	정
오로지	유
한결같을	일

오로지 정밀하고
오로지 한결같이

• 윤집궐중

진실로	윤
잡을	집
그	궐
중심	중

진실로 그 중심을 잡아라.

• 메타-마음

어떤 마음의 위에 있으면서 아래에 있는 마음을 관리하고 통제하는 마음으로 경이 이런 작용을 한다.

---

11 人心惟危 道心惟微 惟精惟一 允執厥中

◼ 지경(持敬) 사용 설명서

①
누구나 성인(聖人)이 될 수 있음을 알라.

②
이것을 부정하면 지경은 어렵다네.

③
여러분은 자신의 마음 상태가 편안하고 너그러운 경험을 해보았는가? 이때가 바로 사단이 함께 하는 경지라네.

④
하지만 이런 상태가 저절로 이루어지는 것이 물론 아니라네. 이런 상태가 오래 지속될 수 있도록 의도적으로 노력을 해야 한다네. 이것이 이른바 존양(存養)의 공부라네.

• 존양
본성을 유지하려하는 것

⑤
그런데 우리 마음이 늘 그런 상태로만 있는 것은 아니라네. 때로는 우리 마음이 근심과 두려움으로 가득해서 감정의 상태가 어지러워질 수도 있다네. 이런 때란 칠정이 우리 마음 안에서 평상시 균형이 무너져버린 상태라네.

⑥
해서 무너진 우리 감정[情]을 잘 추스르고 원래의 자리를 잡는 칠정의 균형 찾기가 필요하다네. 이런 것을 성찰(省察)의 공부라고 말한다네.

• 성찰
흐트러진 본성을 다시 찾고 원래 자리로 되돌리는 것

⑦
존양과 성찰! 우리 마음 안에서 우리가 의도적으로 배치해 놓은 경이 한 순간도 놓치지 않고 존양과 성찰의 공부를 한다네.

⑧
그런데 문제는 이런 경을 우리가 순간 방심해서 놓치면 만사가 허사

가 된다네. 그러니 우리는 시도 때도 없이 이 경을-꽉-붙잡고[持-敬] 성인이 될 수 있도록 노력해야 함을 잊지 말아야 하네. 그래서 퇴계는 경의 전원을 항시 켜놓고 살라하네[心得躬行], 영원히!

위의 ①~⑧은 지경 적용 매뉴얼이다. 이런 매뉴얼을 소개해 놓은 것이 앞에서 제시해 놓은「심학도」다. 그 중에서 〈상도〉에 대한 설명은 이미 위에서 했다. 이제 남은 것은 〈하도〉에 대한 설명이다.

〈하도〉는 가운데 경(敬)을 중심으로 다시 〈좌도〉와 〈우도〉로 나누어서 볼 수 있는데, 〈좌도〉는 존양법을 말하고 〈우도〉는 성찰법을 말한다. 이 부분에 대한 퇴계의 논급을 다시 들어보자. "마음이 고요할 때 잡아 보존하여 마음이 작용하지 않는 텅 비고 고요한 자리를 어둡지 않게 하고, 마음이 움직일 때 성찰하여 마음의 기미가 운행할 때 뒤섞이지 않게 해야 한다"[12] 그러면서 이렇게 덧붙인다. "고요할 때 천리의 본연을 함양하고, 움직일 때 인욕의 기미에서 결단해야 한다."[13] 「심학도」에 대한 설명에서 이제 남은 것은 〈상도(上圖)〉와 〈하도(下圖)〉를 연결하는 부분만 남았다. 「심학도」를 다시 보라. 그러면 〈상도〉의 심(心)과 〈하도〉의 경(敬)을 하나의 다리로 연결시켜 주는 것이 있을 것이다. 그것이 바로 유정유일(惟精惟一)인데, 이것에 대해서는 이미 설명을 했고 유정유일(惟精惟一) 밑에 주석으로 붙어 있는 택선고집(擇善固執)만 남았다. 이 말은 원래 "성실하게 노력한다는 것은 선을 선택해서

• 택선고집

고를	택
선할	선
굳게	고
지킬	집

선함을 골라 굳게 지킨다.

---

12 「서」〈답김돈서〉. 靜而操存 不昧於虛寂不用之處 動而省察 不雜於幾微運行之時].
13 「서」〈답김돈서〉. 靜而涵天理之本然 動而決人欲於幾微]

그 선을 굳게 지켜낸다는 것이다"¹⁴ 라는 구절에서 나왔다. 「심학도」의 그림으로 보면 유정유일(惟精惟一)의 다리를 건너야 경의 세계로 들어갈 수 있다. 다리를 건너가려는 자는 반드시 택선의 능력을 가지고 있어야만 한다. 택선이란 무엇인가? 이것은 선을 가려낼 수 있는 능력이다. 그러면 선(善)한 것과 선하지 않은 것[불선(不善): 선에서 이탈한 정도]을 구분하는 구체적인 기준이 있어야 택선이 가능한 일이다. 그런데 여기서 선과 악이 아닌 선과 불선으로 구분하는 것은 자칫 우리가 절대선과 절대악의 이분법으로 택선을 오해할 소지 때문이다. 택선을 할 때 선과 악이 이분법적으로 갈라져 있는 것이 아니어서 절대적 기준선이 아니라 상황이나 사태에 따라 악이 선으로도 뒤바뀔 수 있기 때문에 불선이라는 완충지를 택했다. 선(善)/불선(不善)¹⁵, 정(正)/사(邪), 공(公)/사(私), 시(是)/비(非) 등에서 /을 중심으로 왼쪽의 내용은 천리로서의 선이 되고 /을 중심으로 오른 쪽의 내용은 인욕으로서의 불선이 된다. 이런 것을 구분할 수 있는 능력을 인간이면 누구나 가지고 태어났다[良知良能]! 그런데 현실적인 장벽이 이를 가로 막는다.

    이때 현실적인 장벽은 기질병과 인욕병이다. 기질병이란 인간의 기질이 인간의 본성을 가리는 것이며, 인욕병이란 인간의 이기적인 마음이 판을 쳐서 인간의 본성이 마음 어디에도 발을 붙이지 못하게 되는 것이다. 이런 현상을 본 퇴계는 급기야 치료약을 개발하게 되는데 그것이 이른바 경(敬)이라는 약이다. "병을 치료함에 비유한다면, 경은 모든 병에 대한 약이다."¹⁶ 이러한 점을 토대로 경을 현대적으로 말해보자.

---

14 『중용』제20장. 誠之者 擇善而固執之者也.
15 원래 악이지만 절대적 악이 아니라 상대적 악이므로 불선을 사용한다.
16 「서」<답김이정>. 譬之治病 敬是百病之藥

경은 유교식 마음케어제이고 지경은 유교식 마음케어법이다.

　　인간이 마음을 갈고 닦아서 성인(聖人)이 되고자 하는 배움이 심학(心學)이다. 반면 현대교육과정에서 요구하는 각종 지식·기능·태도 등을 학습하는 것이 물학(物學)이다. 이렇게 물학과 심학은 *미쟝셴(mise en scène)*이 다르다. 즉 그것들은 노는 마당이 다르다는 점이다. 심학이 성스러운 배움이라면 물학은 세속적인 학습이다. 그것은 〈심학(心學) = 성학(聖學), 물학(物學) = 속학(俗學)〉으로 말이다. 그리고 심학은 이상적인 배움의 길로 나아가도록 설계되어 있고, 물학은 현실적인 학습의 길로 나아가도록 설계되어 있다. 이것이 둘 사이 차이의 요점이다. 현재 우리교육은 심학없이 물학만으로 짜여 있다. 그러나 퇴계가 살았던 16세기는 배움을 둘러싼 구도가 오늘과 달랐다. 그 당시는 적어도 오늘날과 다르게 *위기지학*과 *위인지학* 사이에 최소한의 고민과 갈등이 있었다. 꼭 그런 것은 아니지만 여기서 위기지학은 고상한 심학과 짝을 하고 위인지학은 실용적 물학과 짝을 한다. 하지만 오늘날 21세기 우리교육은 어떠한가? 정확히 말하면 심학과 같은 수양 패러다임은 현대교육에서 완전히 설 자리를 잃었다.

　　이 말은 현대교육에서는 물학 장치만 있지 심학 장치는 없다는 뜻이겠다. 그래서 현대 물학은 매우 위태로워 보인다. 물의 화학 분자식은 H_2O다. 수소 두 분자에 산소 한 분자가 모여야 물이 된다. 이렇듯 앞으로 교육을 〈물(物)2심(心)〉으로 다시 재구조화해야 한다. 물학과 심학이 대등한 '1 : 1'의 상태는 아니더라도 물학이 두 분자를 차지하면 심학은 적어도 한 분자 정도를 할당받아야 교육이 건강해질 수 있다. 물학과 심학은 21세기 교육에서 일종의 평행선을 반드시 그려야 한다. 이것이 물심평행론이다. 평행선의 패러독스를 연상해 보라. A와 B가 평행을 이루려면 A와 B는 결코 만나서는 안 된다. A와 B가 평행의 상태일 때 A와 B는 결코 헤어지지도 않는다. 이것이 평행선의 패러독스다. 물학과

- **미쟝셴**
  무대 연출을 위한 각종 배치의 구성을 다룸

- **위기지학**
  성스러운 배움의 세계

- **위인지학**
  세속적인 배움의 세계

심학이 추구하는 차원은 전혀 다르다. 상이한 차원이기 때문에 추구하는 가치가 다르므로 어느 한 쪽도 교육적으로 포기할 수 없는 영역이다. 물학과 심학의 관계는 정확히 평행선의 패러독스에 놓여 있다. 이런 입장을 받아들인다면 현대교육에서 잊힌 전통 심학 라인의 조속한 복구가 무엇보다도 중요하리라. 심학은 이제 사멸담론이지만 우리 후손들의 문화 유전자(meme) 구조에는 아직도 심학적 요소가 내장되어 있다. 이런 점을 우리가 앞에서 초등학생들의 입—큰 사람, 사람다운 사람, 훌륭한 사람이 되기 위하여 공부를 한다—을 통해서도 확인하지 않았던가!

5. 파레시아

이별

니체

까마귀가 울어 댄다
그리고 날개를 퍼덕이며
도시로 날아간다:
곧 눈이 오리니,
고향 없는 자 저주 있으라![17]

---

17 하인츠 슐라퍼/변학수 옮김, 『니체의 문체』(서울: 책세상, 2013), 62-63쪽.

• 파레시아
용기 내어 진실을 말하기

우리는 그 동안 전통과 이별(Abschied)을 했다. 그러면서 우리 것의 소중함을 많이 잃었다. 그 중에서 심학도 예외는 아니다. 그 동안 심학을 주술로 치부하였는지도 지금 되짚어 볼 일이다. 이런 반성의 끝에 서서 심학에 대한 탈-주술화로 21세기 교육의 새로운 말법을 찾아야 한다. 이때, 탈-주술화란 "주술이라는, 존재하지도 않는 껍질에 갇힌 세계의 진면목을 '발굴'해 내는 것이다."[18] 푸코는 〈The government of self and others〉에서 파레시아(parresia)를 언급한 적이 있다. 그리스어로 'pa'는 '모든 것'을 뜻하는 'pan'에서 나왔고 'resia'는 '말하다'의 'rein'에서 나왔는데, 이 둘이 합쳐져서 만들어진 합성어가 파레시아다. 글자 그대로 파레시아란 '모든 것을 다 말하다'가 된다. 이런 뜻이 의미의 변주를 해서 '위험을 감수하고 진실 말하기' 또는 '진실을 말할 수 있는 용기'가 파레시아다.

처음 현대교육에 대한 파레시아로 시작하여 유교 전통의 한 축이었던 심학의 파레시아를 다루면서 여기까지 왔다. 그러나 돌이켜 보면 정말 그것들에 대한 파레시아를 제대로 했는지 부끄럽다. 내가 비록 완벽한 파레시아 수준까지 미치지는 못하지만 그래도 물학과 심학에 대하여 서로 구별하고, 분석했다고 자위한다. 이때, ""구별"은 그냥 차이가 아니라 '상호 배척'이다. 서로 다른 근거에서 출발했다는 다른 수준의 의미가 아니라, 상대방이 할 수 없는 것을 자신의 가능성의 근거로 삼는 것이다."[19] 물학과 심학은 단순한 차이를 넘어 서로 완전한 상호 배척이다. 물학은 물학대로 심학은 심학대로 각각 독자적인 근거를 제출했다. 그러기에 나는 구별의 능선을 넘어 물학과 심학에 대한 분석으로 내

---

18 이순예, 『예술과 비판, 근원의 빛』(파주: 한길사, 2013), 56쪽.
19 위의 책, 120쪽.

달았다. 분석이 이어붙인 결절의 흔적을 찾아 원래의 상태로 떼어놓는 다는 뜻이므로, 분석은 그 동안 군살이 박혀 굳어져서 의심하지 않았던 사실에 대한 파기를 내장한 일종의 사유 활동이다.[20] 이렇게 물학을 분석했다. 그런데 분석은 또한 비판으로까지 자연스럽게 나아간다. 비판(critic)이란 원래 '구분하다' 또는 '떼어놓다'라는 의미를 지닌 그리스어 크리티케(κριτική)에서 나왔다.[21] 따라서 물학 비판은 자연히 물학과 심학 사이를 떼어놓고 할 수밖에 없으며 이 속에서 나는 수양 패러다임의 유무로 물학과 심학을 구별했다. 이런 일은 다 비판 활동의 소산이다.

그렇지만 나는 물학 비판 과정에서 심학에 대한 상대적 찬양은 삼가했다. 왜냐하면 물학과 심학은 서로 차원이 달라 각각 고유한 교육의 영역을 독자적으로 취급하고 있기 때문이다. 이 둘은 어차피 다르니까 화학적 결합은 불가능하고 둘의 미학적 융화가 관건이다. 이 말은 둘 사이의 이분법이 아니라 상생법을 이제 교육적으로 고민해야 한다는 뜻이다. 이것은 일종의 고고학이다. 이때 고고학은 고대의 유물을 붙잡고 탐구하는 그런 것이 아니라 물학과 심학의 기원을 뿌리 채 캐냄으로써 그 대상을 현재적으로 재구성하는 것이다.

이런 고고학은 해석학자 *리쾨르*의 방식처럼 자기성(ipséité)의 문제에 맞닿아 있다. 리쾨르에게 주체는, 즉 자기성인데 그것은 이해와 해석의 결과로 되찾아지는 것이다. 그러면 여기서 나의 주체는 무엇인가? 다시 물어보자. 여기서 나는 어떤 자기성을 찾았는가? 나는 나만의 해석학적인 길을 찾았다. 이것이 나의 자기성, 즉 나라는 주체의 자기 이해의 도정이다. 앞으로 21세기 교육은 물학과 심학이 서로 다름을 인정하

• 리쾨르
프랑스 현대철학자로 해석학의 이론정립에 공헌했다.

---

20 위의 책, 141쪽.
21 위의 책, 81쪽.

고 상호 가치의 조화를 이루면서 물학과 심학이 함께 감의 논리 구조를 만들어내야 한다.

이제까지 우리가 전통에 대하여 품었던 그늘진 심상(imago)을 벗겨내야 한다. 이것은 남의 것을 굴종하며 따라가는 것이 아니라 우리 자신을 주체화하는 작업이며 우리 것 안에서 우리 것을 세계화하는 자기-극복(Selbst-Überwindung)의 길이다. 앞으로 심학을 발판삼아 퇴계의 원음을 찾아서 입고출신(入古出新)의 지혜를 만들자. 지금이라도 서두에 등장했던 아이들에게라도 내가 교사가 되어 지경 매뉴얼을 당장 가르치고 싶다. 그러면서 그들이 존양 저널과 성찰 저널을 쓰면서 그들과 내가 함께 퇴계의 위대성을 공유할 날이 도래하기를 기원한다. 우리 모두 다 성인이 될 수 있다!를 그들과 함께 소리 높여 외치면서 말이다. 성학 멸절의 시대를 극복하도록 그들의 머릿속에 성학칩(chip of Sage Learning)이 완전히 장착될 때까지 지경을 반복 실천하도록 그들을 경책하려 한다. 그리고 아래 인용문의 메시지를 그들 수준에 맞게 그들에게 알려주겠다.

• 입고출신
과거로 들어가서 새로움이 나오게 한다.

> 노스탤지어가 잃어버린 과거를 통한 동경이라 할 때, 이때의 '과거'는 과거의 '시간'일 뿐만이 아니라 잃어버린 과거의 '공간'도 포함된다. 고향으로 돌아간다는 것은 자기가 떠난 곳으로 돌아갈 수 없다는 것을 깨닫는 것을 의미한다. 떠나온 우리의 고향은 그때와 똑같은 장소가 결코 아니기 때문이다. 노스탤지어는 귀환의 불가능성을 전제로 한 욕망이다. 귀환을 향한 욕망이 허망하다는 것을 알면서도, 고향은 그때의 고향 모습 그대로 여전히 자기를 기다리고 있다는 환상을 통해 자기 위안을 얻으려 한다. 따라서 노스탤지어가 "대상이 없는 비애……욕망을 위한 욕망"이라 규정되는 것도 그렇게 무리한 것만은

아니다. 그러나 노스탤지어는 과거, 즉 "뒤를 향하는 것일 수 있지만 또한 앞으로 향하는 것일 수도 있다." 과거에 대한 기억이 기억으로만 그치는 것이 아니라 잃어버린 과거의 본질적인 가치들을 기억함으로써, 현재를 비판하고 현재의 모습을 지양하여 미래의 이상사회를 구현할 비전도 제공해주기 때문이다. ……하지만……'신화'를 만드는 것이 노스탤지어라면, '역사'를 만드는 것은 유토피아적 욕망이다. 미래를 향하는 유토피아적 욕망과 달리 노스탤지어는 과거를 그리워하는, 존재하지 않는 근원, 잃어버린 '고향'을 그리워하는 무망(無望)의 부르짖음이다.[22]

---

22 임철규, 『귀환』(파주: 한길사, 2009), 16-17쪽.

7장

퇴계의 경공부법*

경(敬)은 만병의 약이다.[1]
어떤 사람이 물었다. 성(性)을 밝게 하는 것은 반드시 경(敬)을
우선으로 해야 합니까? 주자가 답했다. 진실로 그렇다.[2]

---

* 이 글은 「퇴계 경공부법: 〈천명신도〉를 중심으로」, 『교육사상연구』 제30권 제4호, 2016, 95-109쪽에 실려 있다.
1 『퇴계전서』 권29-13. 敬是百病之藥
2 『심경부주』「聖可學章」. 惑問 明性須以敬爲先? 朱子曰 固是

1. 경의 위상과 현재 좌표

• 로고스
이때 로고스란 핵심을 찌르는 말씀

• 성학
성인됨의 배움

로고스로 방금 위에서 언급한 것은 퇴계가 경(敬)을 강조하며 그가 경이 치료제임을 말해주는 대목이다. 이로부터 이것이 '시작되어-나아감[開示-進]'을 알린다. 퇴계(1501~1570)는 『성학십도(聖學十圖)』에서 *성학(聖學)*의 시작과 끝을 경(敬)에서 찾고 있다. 이것은 퇴계가 구상하는 성학의 구조물에서 경의 위상을 압축해서 드러내는 지점이다. 그만큼 경이 중요하다는 뜻이겠다. 이런 저간의 사정에도 불구하고 경은 오늘날 현대인들에게 분명 친숙한 개념은 아니다. 고려대학교에서 발행한 『한국어대사전』(2011)에도 경은 표제어로 들어있지 않다. 이 사전에서 경의 용례를 무려 스무 가지로 나누어 355-356쪽에 기술하고 있지만, 거기에 경은 없다. 이렇게 경은 우리나라에서 나온 큰 사전에도 미등록된 개념이다. 우리에게 퇴계는 친숙하지만, 실제 우리 삶속에 퇴계 사상은 없거나 아주 멀리 있다. 그러니 비감하다. 비근한 예로 이 사전에 '시스템(3799쪽)'과 같은 낱말도 등록되어 있다. 하지만 경은 어디에도 등록되어 있지 않다. 이러한 사정은 국립국어원의 『표준국어대사전』도 마찬가지다. 오로지 경은 『퇴계 전서』에 박제된 채 들어 있을 뿐이다.

경(敬)이여, 21세기로 걸어 나오라. 시스템만도 못한 경의 신세여, 어서 나오라. 나와서 아직 사상적으로 살아있다고 말하라. 그래서 나는 퇴계철학의 핵심 축을 이루고 있는 경을 현대적 관점에서 관망한다. 그런 다음 경을 공부법과 연대시켜 놓고 퇴계의 사유 문법 속에서 읽는다. 이것으로 그치는 것이 아니라 그러한 퇴계의 사유 문법이 오늘날 현대 교육에 어떤 소식을 전해주는지도 이하 궁구할 것이다. 최근 영국의 교육학자인 리차드 프링은 그의 책 결론에서 교육철학의 목적을 세 가지, 현상 너머 숨어 있는 세계에 대한 '① 의미, ② 가정, ③ 책무'를 획득해야만 하는 일로 요약한다.³ 이참에 그의 견해를 수용하여 경의 교육적 의미와 가정 그리고 교육에서 경의 책무를 밝혀보고자 한다.

2. <천명신도> 읽기

오른쪽 [그림 7·1]은 *정지운*(1509~1561)이 그리고 퇴계가 최종 교정해서 완성한 <천명신도(天命新圖)>다. 성리학에서 말하는 천명과 인성의 관계를 도식화한 것이 <천명신도>인데, 이것은 1553년 명종 8년에 만들어졌다. 정지운은 퇴계의 의견을 받아들여 <천명구도>를 <천명신도>로 수정하게 된다. 여기서 <천명신도>를 가져온 이유는 성리학에서 차지하는 경의 위상을 그것이 가장 잘 적시해 주는 점 때문이다. 그러나 <천명신도>을 상술하기 전에 <유학의 3대 강령>을 먼저 보는 것이 급선무다. 아래 내용은 『*중용(中庸)*』첫 장에 들어 있다.

■ 유학의 3대 강령
- 강령1 — 천명이 본성이다.
- 강령2 — 본성을 따라가는 것이 도이다.
- 강령3 — 도를 닦는 것이 교이다.⁴

• 정지운
조선중기 성리학자로 『천명도설』을 지었다. 이 책은 천명을 논하면서 천명과 인성의 관계를 그림으로 나타냈다. 이 책 안에 <천명구도>와 <천명신도>가 실려 있다.

• 『중용』
공자의 손자인 자사가 지은 책으로 인간의 본성을 철학적으로 다루고 있다.

---

3   R. Pring, *Philosophy of Educational Research* (3rd ed.) (London: Bloomsbury, 2015), p. 208.
4   ● 天命之謂性 ● 率性之謂道 ● 修道之謂教

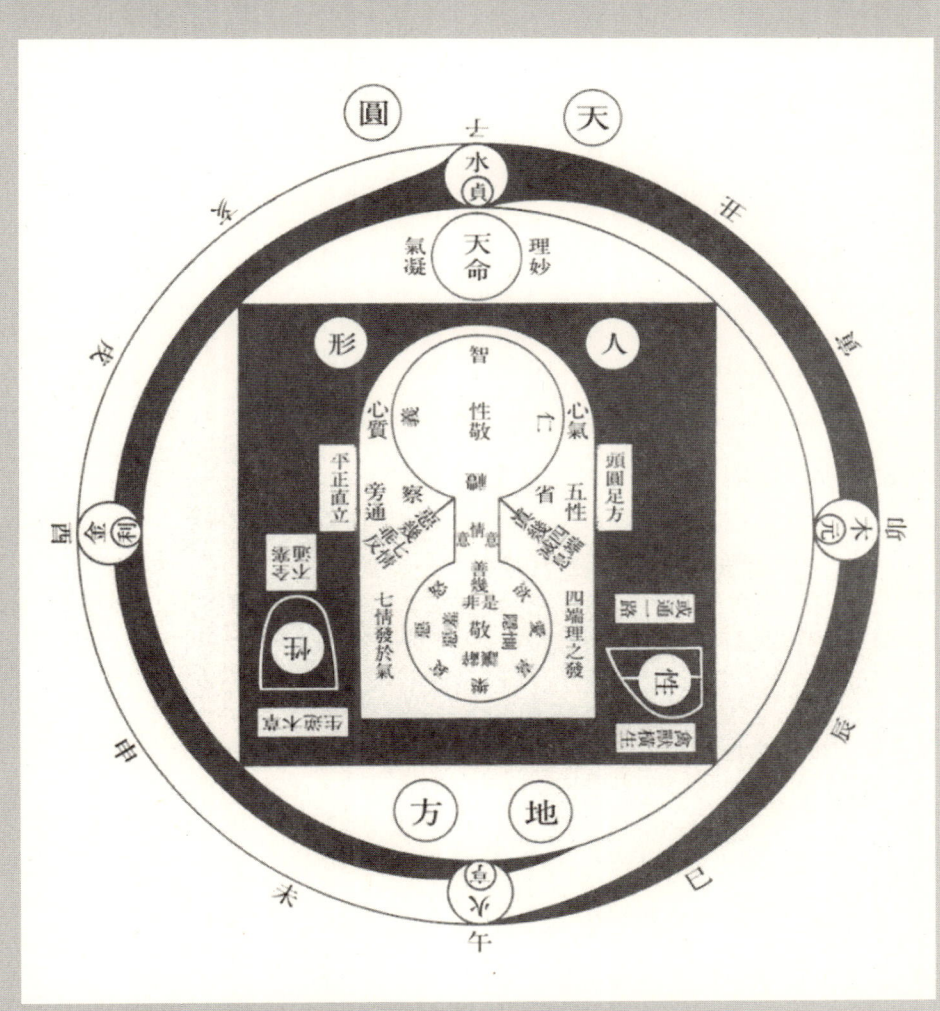

[그림 7·1] 〈천명신도〉

조금 더 강령에 대하여 논급해 볼 필요가 있다. ● 강령1의 압축: <u>천명(天命) = 성(性)</u>, ● 강령2의 압축: <u>솔성(率性) = 도(道)</u>, ● 강령3의 압축: <u>수도(修道) = 교(敎)</u>. 이렇게 해서 '성(性)—도(道)—교(敎)'라는 <u>유학의 기본</u>-틀이 짜진다. 이런 기본 축을 염두에 두고 <천명신도>를 읽어야 한다. 그렇다면 천명(天命)이란 무엇인가? 글자 그대로 보자면 '천명(Heavenly Mandate)'은 '하늘의 명령'이다. 그러나 보라. 과연 하늘이 우리에게 명령할 수 있을까. 명령할 수 없기에 이것은 어디까지나 비유적으로 쓴 것이다. 이때 '천명'은 '생득'과 '천부'와 만나면서 의미의 세계를 직조한다. 태어날 때 이미 가지고 나오는 것, 이것이 '생득'이라면 이미 가지고 나오는 것은 오직 하늘이 준 것, 즉 '천부'라는 뜻이다. 이렇게 '천명 → 생득 → 천부'라는 의미의 연속적 생성 속에서 이해해야 하는 개념이 천명이다. 강령1의 소식은 그런 천명이 '인간의-본성[性]'이라는 말이다. 그것에 대하여 15세기 두 선학, 정지운과 이황이 고심하여 그린 것이 위에 있는 <천명신도>인 것이다.

이제 위 그림을 면밀하게 보자. 그림에서 가운데 동그라미 위에 천원(天圓)이 보인다. 이때 天圓은 하늘이 둥글다는 뜻이다. 또 가운데 동그라미 안의 밑에 지방(地方)이 보인다. 이때 地方은 땅은 네모지다는 뜻이다. 중세 우리 선학들은 하늘은 둥글고 땅은 네모난 것으로 믿었다. 이것은 오늘날 맞지 않다. 그러니 무시해도 좋다. 다만 '천'은 '시간'으로 '지'는 '공간'으로 읽으면 된다. 그 안에 인간[위 그림에서 가운데 네모 안 위에 표시됨]을 포함한 동식물[그림에서 가운데 네모 안의 맨 아래 오른쪽에 동물을, 왼쪽에 식물을 배치함]이 살아간다. 그리고 바깥 원에 <u>12지</u>의 시간을 배치해 두었다. 여기까지가 일반론이다. 지금부터가 본론이다. 동그라미 안 맨 위에 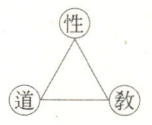이 배치되어 있다. 그런데 그 천명의 결합방식은 '리기묘응(理氣妙凝)'이다. 즉 이것은 천명에는 '리와 기가 묘하게 엉겨 있다[理氣妙凝]'는 뜻이다. 이것이 이른바 '리-기 패러

• 천명 = 성
인간의 본성

• 솔성 = 도
인간의 본성을 따라가는 것

• 수도 = 교
인간이 본성을 따라가도록 마음을 닦는 것

• 유학의 기본-틀

• 12지
자·축·인·묘·진·사·오·미·신·유·술·해 12간지를 말함

다임'이다. 이것은 성리학자들이 매우 독특하게 세계를 바라보는 방식이다. 그들이 보기에 이 세계는 어떤 법칙 안에서 세계를 돌아가게 해주는 '근본-원리[理]'가 있으며, 그 세계를 돌아가게 하는 '힘의-작용[氣]'이 그 안에 함께 있다는 것이다. 그런데 이 둘, 즉 리-기는 기본 구도가 '하나이면서 둘, 둘이면서 하나[一而二, 二而一]'이기도 하다. 그렇다고 해도 둘은 '하나도 아니면서 둘도 아닌 구조[不一而不二]'로 되어 있다는 점이다. 이런 점 때문에 위에서 '리-기'를 '묘응'이라 정돈했다. 다시 그림으로 돌아간다. 이제 사람의 문제다. 위 그림에서 원 안의 네모 중 상단부에 인형(人形)이라 되어 있다. 이때 ⑴形은 사람의 모습을 말한다. 그리고 인(人)자 밑에 두원족방(頭圓足方)이 있다. 이것은 사람의 모습을 그리는 것으로 머리는 둥글고 발은 네모나다는 뜻이다. 한편, 형(形)자 밑에 평정직립(平正直立)이 있다. 이것도 사람의 모습을 그리는 것으로 공평하고 올바르게 똑바로 선다는 뜻이다. 위 그림의 중앙을 보면 아령을 세로로 세워놓은 것 같은 그림이 보일 것이다. 이때 아령의 윗부분은 모두 사단으로 되어 있고, 아령의 아랫부분은 사단과 칠정이 섞여 있다. 그러므로 위 그림의 네모 안에 세워놓은 아령의 형태는 인간의 사단과 칠정의 관계를 그림으로 그려 놓은 것이다. 그런데 위아래 아령 모양의 그림 한 복판에 경(敬)자가 배치되어 있다. 이것이 위 그림의 두뇌처(頭腦處)다. 이때 두뇌처란 어떤 것의 핵심이라는 뜻이다. 그러니 <천명신도>의 핵심은 어디까지나 경(敬·Mindfulness)인 셈이다.

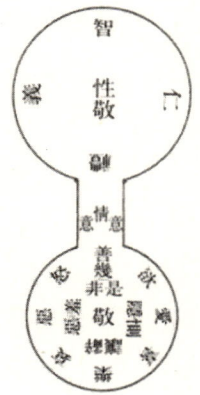

3. 경과 에피메레이아의 만남과 헤어짐

여기서 서양 전통에서 경과 견주어 볼 만한 개념이 있었는지 이런 물음을 던져보자. 서양에 과연 경과 같은 수양(Self-Cultivation) 전통이 있었는가? 그런데 신기하게도 있었다. 그것이 이른바 푸코가 그의 말기 저작 『주체의 해석학(The Hermeneutics of the Subject)』에서 들려주는 에피메레이아(epimeleia)의 전통이다.[5] 원래 이것은 그리스어로 'επιμελεια'이다. 이 용어는 물론 푸코의 『성의 역사』 중 제3권 〈자기 배려 The Care of the Self)〉에도 등장한다.[6] 이 안에서 푸코는 고대 그리스와 로마 시대를 거쳐 중세에 이르기까지 서양에서도 '자기 배려/자기 돌봄'의 전통이 이어져 왔다고 본다. 그런데 데카르트 이후 근대 이성-중심 철학의 형성과 함께 에피메레이아의 전통이 끊어졌다는 것이 푸코의 주장이다. 그러면서 아주 깊게 파고들어가 파르헤지아(parrhesia), 즉 그것의 진실을 솔직하게 말하는 것이 『주체의 해석학』의 근간을 이룬다. 이때 그리스어인 '에피메레이아'를 '자기-배려-술(術)'로 번역할 수 있다. 원래 에피메레이아는 영어로 풀면 '돌봄/배려(care)'와 '주의(attention)'를 뜻한다. 그러므로 푸코가 말하는 에피메레이아를 굳이 번역하자면 '자기 배려' 또는 '자기 돌봄'의 '기술'로 나타낼 수 있다. 이 지점이 경과 만난다. 왜냐하면 경도 인간의 본성에 대한 낙관적 전망 위에서 본성의 유지와 회복이라는 기획물 위에 서 있기 때문이다. 이때 인간

• 수양
몸과 마음의 갈고 닦음

• 에피메레이아
자기 배려 또는 자기 돌봄의 기술

• 푸코
현대 프랑스 철학자로 대표적인 포스트모더니스트다.

• 파르헤지아
진실을 드러내어 말하기

---

5   미셸 푸코/심세광 옮김, 『주체의 해석학』(서울: 동문선, 2007).
6   미셸 푸코/이혜숙·이영목 옮김, 『성의 역사 3: 자기 배려』(파주: 나남, 2004).

본성에 대하여 그것을 유지하고 회복하려는 노력은 일종의 자기 배려와 자기 돌봄의 영역이다. 그러나 경은 푸코식의 에피메레이아의 차원을 넘어선다. 왜냐하면 경은 자기 배려 또는 자기 돌봄만을 말하는 것이 아니라 성리학이라는 중세 사유 문법 속에서 성학(聖學)이라는 견고한 이론 체계를 그 안에 구축해 놓았기 때문이다. 이런 점 때문에 경-공부-법이라는 생경한 용어를 여기서 입안하는 것이다.

우선 경의 의미 지층을 알아보자. 여기서는 『심경부주』에서 선학들이 적시했던 것들을 가져다 써 보겠다. 아래와 같이 경을 네 가지로 압축해 두었다.

• 『심경부주』
중국 송나라 때 진덕수가 짓고, 명나라 때 정민정이 주석을 붙인 책이다.

■ 경(敬)의 의미 층위

● ① 주일무적 경(敬) ≒ 집중 경(敬)

[마음이] 한곳에 집중하는 것이 경(敬)이다.[主一之謂敬]

[마음이 다른 곳으로] 향하지 않음은 [마음이] 한 가지 일에 전념함이다.[無適之謂一]—정자

[위의 ①에서 '[마음이]'는 문맥의 원활한 흐름을 위하여 추가한 것이고, '≒'은 완전 등치는 아니지만 거의 같다는 뜻으로 쓰였다. 이하 모두 같다.]

● ② 정제엄숙 경(敬) ≒ 단속 경(敬)

[몸가짐을] 가지런히 정돈하니 [마음이] 엄숙해진다.[整齊嚴肅]—정자

● ③ 상성성법 경(敬) ≒ 상태 경(敬)

경(敬)은 늘 [마음이] 또랑또랑 깨어있는 법이다.[敬是常惺惺法]—사량좌

- ④ 기심수렴불용일물 경(敬) ≒ 수렴 경(敬)

  경(敬)이란 마음을 수렴하여 하나의 물건도 용납하지 않는 것을 말한다.[敬者其心收斂不容一物之謂]—윤화정[7]

그러나 이러한 평면적 도식을 가지고 경을 포착하는 것은 한계를 가진다. 이 말은 경에 대한 입체적인 포착이 필요하다는 뜻이겠다. 그렇게 하도록 하는 방법에는 여러 가지가 있겠지만 위의 〈천명신도〉를 가지고 하는 방법도 좋다. 그곳을 다시 보면 경이 두 군데에 배치되어 있다. 하나는 '사단 구역(〈천명신도〉에서 아령 모양의 위 큰 동그라미 중앙)'의 중앙에 있고, 다른 하나는 '사단과 칠정이 섞여있는 구역(〈천명신도〉에서 아령 모양의 아래 작은 동그라미 중앙)'의 한 가운데에 경이 배치되어 있다. 이 말은 곧 사단의 공부에도 경이 작동하고, 칠정의 공부에도 경이 관여한다는 뜻이다. 이런 의미의 배경에는 성리학-공부-정착이 녹아들어 있기 때문이다. 그것은 바로 이것이다: "① 천리를 보존하고, ② 인욕을 막아라![① *존천리(存天理)*, ② *알인욕(遏人欲)*]"[8] 이때 천리란 인간의 본성으로 사단과 사덕을 말하고, 인욕이란 칠정에서 나오는 인간의 욕망을 말한다.

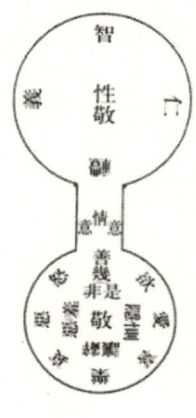

• 존천리
자신의 본성을 보존하라!

• 알인욕
자신의 욕심을 막아라!

---

7 서명석, 「수양치료의 관점으로 본 퇴계심학: 교육의 결락지를 찾아서」, 『교육사상연구』 제30권 제1호, 2016, 106쪽.

8 이광호·엄연석·한정길·장동우 옮김, 『국역 심경주해 총람 상·하』(서울: 동과서, 2014), 492-493쪽; 이창일·김우형·임홍태·함영대·전현희·박승원, 『심경 철학 사전』(성남: 한국학중앙연구원 출판부, 2014), 150쪽.

<표 7·1> 사단/사덕과 칠정에 대한 공부 방식

사단 (四端)	측은지심 (惻隱之心)	수오지심 (羞惡之心)	사양지심 (辭讓之心)	시비지심 (是非之心)	보존 대상	존천리 (存天理) 공부
사덕 (四德)	인(仁)	의(義)	예(禮)	지(智)		
칠정 (七情)	희(喜)·노(怒)·애(哀)·락(樂)·애(愛)·오(惡)·욕(欲)				관리와 통제의 대상	알인욕 (遏人欲) 공부

사단/사덕은 인간의 본성이고, 칠'정'(七'情')에서 '정(情)'은 욕망의 생리적 발출이다. 그런데 칠정 중에서 맨 마지막 '욕'이 경공부에서 매우 중요한데 이 욕[욕망]의 관리와 통제가 가장 골칫거리다.

그러므로 퇴계에게 있어서 경공부란 경을 통한 사단과 사덕의 막힘없는 발현과 경에 의한 칠정의 관리와 통제의 문제로 귀착된다. 다시 말해 사단과 사덕의 막힘없는 발현이 ① '존천리'의 공부이고, 칠정의 관리와 통제가 ② '알인욕'의 공부인 것이다. 이에 대한 퇴계의 논급을 볼 필요가 있다.

① 본성이 마음에 갖추어져 있으나 스스로 발하여 스스로 직무를 맡을 수 없다. ② 그 주재와 운용이 마음에 있으니 그것으로써 마음을 기다려 발한다. ③ 그러므로 본성이 먼저 움직인다고 말할 수 없다.

④ 그것으로써 본성이 말미암아 움직인다. ⑤ 그러므로 마음이 먼저 움직인다고 말할 수 없다.⁹

①에서 퇴계는 '본성이 마음에 갖추어져 있다[性具於心]'고 말한다. 이런 전제가 없다면 성리학의 본성론은 설 자리를 잃는다. 이것이 "● 강령1 — 천명이 본성이다[天命之謂性]"라는 점을 퇴계가 재천명하는 지점이다. 그러나 본성은 본성일 뿐이지 스스로 발하여 스스로 직무를 맡을 수 없다. 그러면 누가 이 일을 할 것인가? 이에 대한 답은 ②에 들어 있다. ②는 마음의 주재와 운용을 말한다. 우리 마음을 주재하고 운용하는 것은 무엇인가? 이에 대해 퇴계는 경이라고 말한다. 그러므로 ②의 "그 주재와 운용이 마음에 있으니"에서의 마음은 바로 경이다. 이런 관계는 이렇게 [그림 7·2]로 압축이 가능하다.

오른쪽 [그림 7·2]는 〈천명신도〉의 핵심적 아이디어를 손상하지 않고 경을 중심으로 재구성한 것이다. 다시 논의를 이어가면 ②에서 "그것으로써 마음을 기다려 발한다"에서 '그것'은 당연히 경이다. 본성이 발현하려면 경의 도움 없이 불가능하다. 이때 '그것으로써[以其]'는 영어식으로 'with it' 또는 'by it'인데 'it'이 바로 '경(敬·Mindfulness)'이다. [그림 7·2]로 말하면 마음[心]이 발현할 때 가운데 경이 함께 움직이며 주재한다는 뜻이다. 따라서 당연히 "③ 그러므로 본성이 먼저 움직인다고 말할 수 없다. ④ 그것으로써 본성이 말미암아 움직인다. ⑤ 그러므로 마음이

---

9 『국역 퇴계전서』-7-311. ① 性具於心而不能自發而自做 ② 其主宰運用在於心 以其待心而發 ③ 故不可謂性先動也 ④ 以其由性而動 ⑤ 故不可謂心先動也

• 심(心)
인간의 마음

• 성(性)
인간의 본성

• 정(情)
인간의 욕망

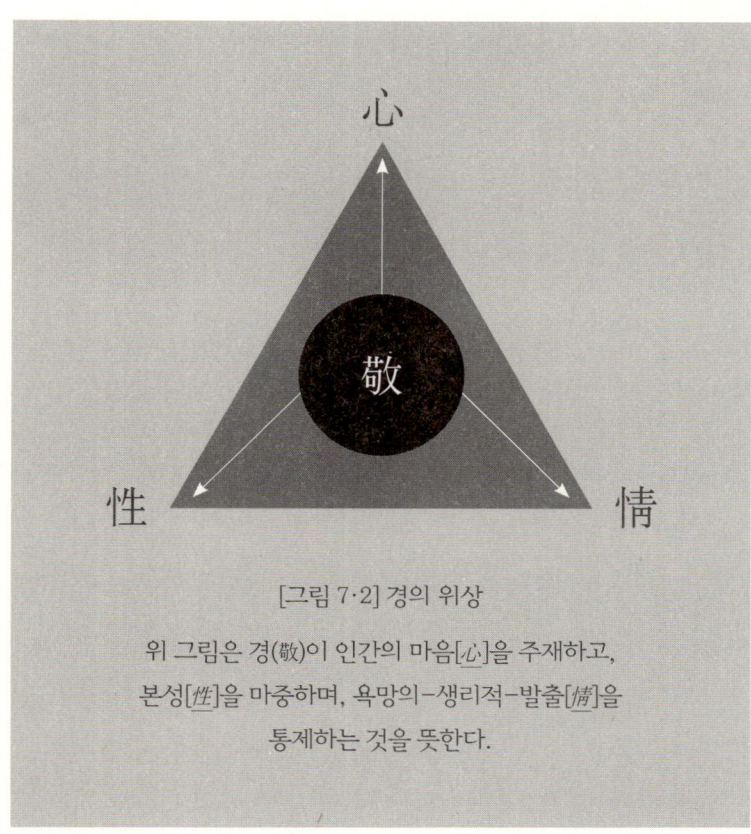

[그림 7·2] 경의 위상

위 그림은 경(敬)이 인간의 마음[心]을 주재하고, 본성[性]을 마중하며, 욕망의-생리적-발출[情]을 통제하는 것을 뜻한다.

먼저 움직인다고 말할 수 없다"는 것이다. [그림 7·2]에서 경이 마음[心]에게로 나아가는 화살표는 경의 마음에 대한 주재와 운용을 말한다. 경이 성(性)에게로 나아가는 화살표는 ① '존천리'의 공부에 경이 관여한다는 뜻이다. 경이 정(情)에게로 나아가는 화살표는 경이 칠정의 관리와 통제에도 힘을 행사한다는 ② '알인욕'의 공부를 말한다. 그런데 "● 강령2 — 본성을 따라가는 것이 도이다[奉性之謂道], ● 강령3 — 도를 닦는 것이 교이다[修道之謂敎]"는 경공부의 프로그램이 된다. 왜냐하면 인간이 인간의 본성을 따라가도록 장치하는 것도 경이요, 경으로 따라가는 '그 길(道·Tao·The Way)'을 닦는 것도 역시 경의 작용으로 퇴계가 보기

때문이다: "반드시 도심이 주가 됨을 말한다. 그리고 인심이 [그것의] 명령을 듣는다."[10]

4. 소이연과 소당연의 연속과 불연속

*유학(儒學)*에서는 인간을 포함한 만물의 존재 방식을 두 가지로 나누어서 접근한다. 그 하나가 소이연(所以然)이고, 다른 하나가 소당연(所當然)이다. 이때 소이연은 '원래-그러한-것[自-然]'이고, 소당연은 '마땅히-그래야-하는-것[必-然]'이다. 그런데 이러한 이해 방식은 경공부의 이론을 구축하는 저반을 제공한다. 이를 해명하기 전에 천인합일(天一合一)이라는 동양철학의 근본명제를 확인하는 것이 우선이다. 천인합일이란 '하늘의 도[天道]'와 '사람의 도[人道]'가 '하나됨[合一]'을 뜻한다.

이때 천도란 무엇인가? 이에 대한 답이 『주역』 <건괘·☰> 괘사에 들어 있다: "건(乾) 원형리정(元亨利貞)." 이때 건(乾)은 하늘[天]의 작용이며, 원(元)은 만물의 시작인 봄을 형(亨)은 만물의 성장인 여름을 리(利)는 만물의 결실인 가을을 정(貞)은 만물의 결실 뒤 저장인 겨울을 뜻한다. 이렇게 천도는 어김없이 원[봄]→형[여름]→리[가을]→정[겨울]의 순서로 돌아간다. 이것에 대해서는 <천명신도>의 바깥 원 중에서 목, 화, 금, 수 안[內]의 작은 원(圓)을 보라. 거기에 ㉡→㉠→㉣→㉢이 있다. 이런 방식에 착안한 맹자는 저와 같은 하늘의 도와 상응하는 인간의 도를 찾아낸다. 이것이 이른바 『맹자』 「공손추상」에 나오는 인도인 사

• 유학
유교와 같은 말로 공자로부터 시작된 그의 가르침을 학문적으로 탐구하는 분야

• 소이연
원래 그러함

• 소당연
마땅히 그래야함

• 천도
원·형·리·정이 봄→여름→가을→겨울로 운행하는 것

• 인도
사단과 사덕으로 살아가는 인간의 길

---

10 『국역 퇴계전서』 9-267. 必曰道心爲主 而人心聽命

단/사덕이다. 이를 흡수한 퇴계는 〈천명신도〉에 맹자의 사단/사덕을 경권도(敬圈圖) 안에 배치한다.

여기까지는 좋았다. 그런데 문제는 인간이 천도의 원·형·리·정처럼 사단/사덕으로 살아가지 않는데 있다. 이것은 다시 말해 천도와 인도의 합일에 인간이 실패할 수 있다는 점이다. 이때 합일은 원[봄]→형[여름]→리[가을]→정[겨울]이라는 천도의 운행처럼 인간도 사단/사덕만으로 살아가는 것을 말한다. 그러나 인간에게 천도와 인도가 하나됨의 그런 순간은 매우 적다. 왜냐하면 인간은 인도에서 자꾸만 멀어지려고 하는 힘의 관성인 욕망[人欲]을 가지고 있기 때문이다. 다만 천도와 인도의 합일, 즉 인간은 천도와 인도가 하나가 되려고 노력할 뿐이다. 그래서 나의 욕망을 추스르고 인도에 나를 맡기는 공부가 필요하다. 이런 내용을 요약해보자.

- 천도의 운행 방식: 원·형·리·정[11]
- 인도: 사단/사덕
- 천인합일[12]: 천도와 인도의 결–맞춤

솔개는 날아 하늘에 머물고, 물고기는 연못에서 약동한다.[13] 새가 하늘에서 나는 것은 당연하고, 물고기가 연못에서 뛰노는 것도 당연하

---

11 이때 원·형·리·정은 하늘의 사덕이다.
12 하늘[지의 원[봄]·형[여름]·리[가을]·정[겨울]이라는 운행 질서처럼 인간도 사단/사덕의 질서대로 살아가는 것, 이것이 천인합일이다.
13 『시경』「대아」〈조록〉. 鳶飛戾天 魚躍于淵

다. 또한 새가 하늘에서 나는 것은 원래 그러한 것이고, 물고기가 연못에서 헤엄치는 것도 원래 그러한 것이다. 이때 새가 하늘에서 날고 물고기가 연못에서 노는 것은 원래 그러한 것이자 마땅히 그러한 것이다. 여기서 우리가 알아낼 수 있는 것은 이런 것이다. 새와 물고기는 그것들의 소이연과 소당연이 같다. 여기서 같다는 것은 연속된다는 뜻이다. 새의 본성은 나는 것이고, 물고기의 본성은 헤엄치는 것이다. 그것들은 그렇게 본성대로 살아간다. 새는 하늘을 나는 것이 새의 욕망이자 곧 본성이다. 물고기는 연못에서 노는 것이 물고기의 욕망이자 곧 본성이다. 이때 우리는 새와 물고기의 예에서 다음과 같은 사실을 유추할 수 있다. 〈● 새와 물고기의 경우: 소이연 = 소당연 / 본성 = 욕망〉이라는 점을 말이다. 인간도 과연 새와 물고기 같이 소이연과 소당연이 같고 본성과 욕망이 같을까? 인간에게 사단/사덕이란 천명인데 원래-그러한-것[본성 = 소이연]으로 인간이 이를 지니고 태어났다. 그러니 그것을 경(敬)으로 잘 보존하면 그만이다. 이것이 이른바 존양(存養)이자 거경(居敬)의 공부이다. 〈천명신도〉에서 위에 있는 경권도(敬圈圖)가 이것을 묘사한다. 그러나 더 힘든 것은 칠정에서 일어나는 인욕의 처리 문제이다. 이 점을 알아차린 퇴계는 소당연의 처리를 고심할 수밖에 없다. "궁극에서 그것을 논의하면 당연이란 것이 리가 되어야 하는 이치이자 으뜸이 된다."[14] 이 대목에서 퇴계는 소이연 보다는 소당연에 더 무게를 두고 있다는 인상을 받는다. 이 지점에 퇴계의 고민도 함께 놓인다. 인간의 마음이 칠정에서 발한 인욕으로 인해 본성이 가려졌다. 이 말은 욕망이 본성을 누르고 있는 경우다. 이때 인간은 본성대로 마땅히-그렇게-해야-함[所當然]을 하지 못한다. 이러한 상황에 인간이 빠져있을 때 이를 알아차리

• 존양
인간의 본성을 보존하고 기른다.

• 거경
경의 상태에서 산다.

---

14 『국역 퇴계전서』-7-82. 窮極論之 當然者 爲理之說 爲長

• 성찰
본성이 작용하는지 인욕이 작용하는지를 살피고 또 살핀다.

• 궁리
소이연과 소당연의 이치를 구분해서 알아낸다.

고 경을 통해 다시 본성[사단/사덕으로 중무장한 리의 세계]으로 복귀하는 것, 이것이 이른바 *성찰(省察)*이자 *궁리(窮理)*의 공부다. 이런 공부를 퇴계가 더 중요시 했다는 것이다. [그림 7·1]을 다시 보겠다. 그러면 위에 있는 경권도에서 아래에 있는 경권도로 내려가기 시작하는 길의 시작점에 성찰[이때 성찰은 궁리와 같음]이 배치되어 있는 것을 확인할 수 있다. 인간의 경우 인간의 본성과 욕망의 문제는 새와 물고기처럼 단순하지 않다. 이때 단순하다는 의미는 새와 물고기인 경우에 본성과 욕망이 같고 새와 물고기의 소이연과 소당연이 같다는 뜻이다. 이때는 소이연과 소당연이 연속된다. 그러나 인간은 소이연과 소당연이 불연속, 즉 같지 않을 경우가 더 많다. <● 인간의 경우: 소이연 = 소당연 / 소이연≠소당연 → 본성 = 욕망 / 본성≠욕망>과 같이 말이다. 즉 인간은 소이연과 소당연이 같을 때도 있고 그렇지 않을 때도 있다. 다시 말해 인간은 인간의 본성과 인간의 욕망이 같을 때도 있고 그렇지 않을 때도 있다. [그림 7·1]로 말하면 '소이연 = 소당연 / 본성 = 욕망'일 때는 인간이 <천명신도>에서 위의 경권도에 살 때이고, '소이연≠소당연 / 본성≠욕망'일 때는 인간이 <천명신도>에서 아래의 경권도에 살 때이다. 이를 퇴계의 음성으로 확인하자. "① 정의 발생은 혹 기에서 주관하고 혹 리에서 주관한다. ② 기의 발생은 칠정, 이것이다. ③ 리의 발생은 사단, 이것이다."[15] 이때 ①은 사단과 칠정이 섞여 있는 것을 말하는데, <천명신도>에서 아래에 있는 경권도의 상태. 또한 ②는 '소이연≠소당연 / 본성≠욕망'의 상태를 ③은 '소이연 = 소당연 / 본성 = 욕망'의 상태인 것이다. 그러하기에 ③의 상태에 대한 공부가 존양—거경이요, ②의 상태에 대

---

15 『국역 퇴계전서』-9-76. ① 情之發 惑主於氣 惑主於理 ② 氣之發 七情是也 ③ 理之發 四端是也

한 공부가 성찰—궁리다. 이상의 내용을 정리하면 <표 7·2>와 같다.

<표 7·2> 마음공부 양상

구분 \ 내용	<천명신도>에서의 위치	소이연과 소당연의 관계	본성과 욕망의 관계	공부의 초점	공부 방식
마음이 사단/사덕에 있을 때의 양상	위의 경권도	소이연 = 소당연	본성 = 욕망	사단/사덕의 유지	존양—거경
마음이 사단/사덕에서 멀어져 있을 때의 양상	아래의 경권도	소이연 ≠ 소당연	본성 ≠ 욕망	사단/사덕으로의 복귀	성찰—궁리

경(敬)의 도움을 받으면서 하늘이 내려준 본성대로 살라. 그러면 누구나 다 성인이 될 수 있다! 이런 인문학적 지형 위에 성학이 건축된다. 이제 <표 7·3>으로 퇴계의 구상을 최종 정리해 낼 수 있다.

<표 7·3> 경-공부-법의 체계

항목	내용
① 목적	성인(聖人)-됨
② 존재론	리(理)의 지배와 리의 현현
③ 인식론	성찰/궁리[격물]
④ 가치론	일상에서 소이연과 소당연의 일치로 가는 소당연의 확보
⑤ 성학의 중심 개념 장치	경(敬)

• 존재론
본질을 탐구하는 철학의 한 분야

• 인식론
앎을 탐구하는 철학의 한 분야

• 가치론
가치의 문제를 탐구하는 철학의 한 분야

위에서 나는 경의 의미와 가정 그리고 그것의 공부를 다 말했다. 이제는 ○-○○-법이다. 이럴 경우 ○-○○에서 ○에다가 '경'을 -○○에다가 '-공부'를 넣어보자. 그러면 경-공부가 된다. 여기에 접미사로 ~법을 최종 달아보겠다. 그러면 경-공부-법이 될 것이다. 이 경우에 ~법은 단순한 방법으로서의 법(methodus)만이 아니라 중층적 복합개념으로서 〈표 7·3〉과 같은 종합 체계를 이룬다. 이때 법의 이미지는 언표의 복수-성을 상정하는 것으로 그 안에는 〈표 7·3〉에서 ①~④까지의 내용들이 복잡하게 상호 침투되어 있다. 그것은 '법 = 체계'와 같이 말이다.

5. 교육에서의 사색적 전환

경(敬)은 에피메레이아와 같이 사멸 담론이다. 이때 사멸이란 그것이 현재 더 이상 유통되지 않는다는 뜻이다. 그렇다고 해서 그것이 지금 전혀 의미가 없다는 말은 아니다. 현대적 관점에서 평가하면 경담론은 자발적 통치술과 연관된다. 이때 통치술은 푸코가 『주체의 해석학』에서 제안한 개념인데 자발적 자기 관리 또는 자발적 자기 통제력을 말한다.[16] 이런 구도에서 보면 성리학의 사유틀 안에서 인간의 본성을 돌보는 장치이자 자발적 작업이 경인 것이다. 경, 인간 본성에 대한 자기-돌봄 장치이자 자기-배려의 실존적 기술! 그런데 우리는 이런 경을 잊

---

16 문광훈, 『심미주의 선언』(파주: 김영사, 2015), 48쪽.

고 살고 있다. 교육에서도 이런 점은 마찬가지다. 데카르트가 주창한 이성-중심주의를 신봉하는 현대교육 패러다임의 비극은 인간이 사유(to phronein/thought)와 지식(to eidenai/knowledge)을 구분하고, 교육의 영역에서 존재 사유의 세계를 추방시켜 놓은데 있다. 그러므로 근대 패러다임은 이성의 부림에 의한 앎은 넘쳐나는데 정작 경과 같은 인간의 본성에 대한 존재 사유의 시간은 일상의 시간표에서 완전 삭제되었다. 이 지점에서 오늘날 퇴계가 의미 있게 다가오며 현재 *거대 담론*[17]인 *근대 패러다임*을 원점에서 다시 점검하게 해주는 교육적 숙고의 단초를 경담론이 제공한다.

영국 교육철학회의 주관 아래 펴낸 『동/서 철학(*Philosophy East/West*)』에서 일군의 교육학자들은 이러한 근대 패러다임의 모순을 넘어서기 위한 교육적 모색의 길을 열어 밝히고 있다.[18] 그들이 주장하는 요지는 존재 사유가 없는 교육의 현행 패러다임을 버리고 새로운 지평에서 교육 세계를 숙고할 것을 제안하는 것이다. 이를 그들은 교육에서의 '*사색적 전환(contemplative turn)*'이라 부른다. 그러면서 동양의 전통을 참조하며 동/서양의 철학적 횡단을 시도한다. 그러나 유감스럽게도 그들이 노장철학과 불교철학의 전통은 다루지만 경과 같은 성리학의 전통은 여기서 주목 받지 못하고 있다.

오늘날 우리는 존재 궁핍의 시대를 살고 있다. 현재 우리들이 사는 세상은 이성을 필두로 한 과학기술문명의 시대이지 성리학의 시대는

• 거대 담론
현 시대를 지배하는 큰 이야기이자 보편적 진리로 받아들이는 것

• 근대 패러다임
이성-중심주의를 말한다.

• 사색적 전환
앎 중심의 교육-틀을 넘어 존재 사유로까지 교육이 나아가야 함을 말한다.

---

17 이때 거대 담론은 교수-학습 패러다임이다.
18 O. Ergas & S. Todd (Eds.), *Philosophy East/West: Exploring Intersections between Educational and Contemplative Practices* (UK: Wiley-Blackwell, 2016), p. 1.

정녕 아니다. 그런데 문제는 과학기술문명이 더욱 기승할수록 존재는 더욱 설자리를 잃는데 있다. 이런 시대적인 배경에서 우리가 교육에서 잃고 사는 것은 무엇인지 작금 교육적 성찰이 필요하다. 그래서 영원히 미완에 그치고 있는 오늘날 공부 모습에 대해 퇴계의 경담론이 본래적 공부와의 재회를 제공해주고 있다고 평가할 수 있다. 오늘날 우리 삶은 전통과의 결별을 강요받고 있다. 과거와 결별하는 현재에서 과거와 소통하는 현재로! 인간의 본성에 대한 근원적 성찰, 그것에 대한 퇴계식의 경공부법. 이것은 복고(復古)로 비추어질 수 있다. 복고란 '옛것으로 돌아간다', '예전 상태를 회복한다'는 뜻이다. 하지만 퇴계의 경담론은 복고가 아니다. 오로지 법고창신(法古創新)일 뿐이다. '옛것을 준거삼아[法古]' '새것을 창조하는 것[創新]' 말이다. 경담론의 강점은 오늘날 공부가 지니고 있는 '존재론적 허약성'을 그 원두(源頭)에서 다시 성찰하게 해주는 점에 있다. 경담론은 경을 통한 앎[궁리: 인식]과 삶[거경: 존재]의 통합적 구상인데, 앎이 존재에게 복무하는 구조 속에서 앎의 존재 이유를 찾는다. 하지만 현재 공부 장치는 그렇지 않다. 이 지점에서 퇴계의 사유는 인식론을 넘어 존재론적으로 현재 우리교육의 좌표를 다시 반성하는 사유의 나침반이 된다.

8장

아이들의 거친 심성을 정화시켜라*

명상은 내면의 평화를 얻기 위한 정신적 운동이다!

---

* 이 글은 「한국교육에 대한 하나의 정책 제안: 불교적 지혜를 통한 선적 심성정화법」, 『한국교육』, 제37권 제4호, 2010, 239-259쪽에 실려 있다.

1. 우리 아이들 마음이 병들다

요즈음 아이들이 심상치 않다. 아래 〈예화 8·1〉을 보면 말이다. 지금 현장에서 이런 일은 흔하다고 한다.

> 〈예화 8·1〉 어느 아이의 막장 드라마
>
> 어느 초등학교 여교사에게 생긴 일. 서울 ○○초등학교 5학년을 맡은 이 교사는 3~4년차 교사 특유의 열정과 사랑으로 아이들을 가르쳤다. 말썽 부리는 학생이 있으면 손을 꼭 잡고 타일렀다. 지난해 5월 수업시간에 한 남학생이 과자를 꺼냈다. "나중에 먹으라"라고 해도 듣지 않자 과자를 빼앗았다. 학생은 갑자기 "먹는데 네가 무슨 상관이냐"고 반말하며 교사를 때리기 시작했다. "우리 선생님 죽어요"라는 말을 듣고 옆 반 여교사가 달려왔지만 힘을 당하지 못했고, 남자 교사가 와서야 겨우 사태가 진정됐다. 여교사는 우울증으로 휴직하고 6개월 동안 병원을 다녔다.

왜 이런 일들이 다반사로 일어나는 것일까? 이것의 근원적인 원인을 캐내는 작업은 매우 어렵다. 왜냐하면 그것은 해당 아이들만의 문제가 아니라 아이들을 둘러싼 가정, 그 속의 부모와 구성원, 나아가서 교육을 펼쳐나가는 교육제도와 그 안의 구성원, 더 크게는 사회라는 다양한 변수들이 만들어내는 구조적인 문제일 가능성 때문이다. 그렇다고 해서 가만히 손 놓고 있을 수는 없다. 이런 아이들의 유쾌하지 않은 사건들을 해결할 수 있는 각자의 방안을 깜냥대로 내놓아서 해결의 길을 열어 두어야 한다.

2. 아이들의 하루 생활 모습

    교육에서 정책은 제도를 통하여 실현된다. 그런데 정책은 항상 방향이라는 가늠자를 통하여 나아간다. 따라서 교육에서의 정책 방향은 교육제도를 이끌고 나아가는 힘의 동력원이면서 그 힘의 방향에 거슬리는 부작용도 동시에 발생하는 이중적인 성격을 담지한다. 이것을 "부작용의 불협화음"이라 불러도 좋겠다.

    교육 정책 중에서 "자율과 경쟁"을 강조한다고 해보자. 그러면 교육제도가 실현하는 광장에서 교육 정책이 아이들과 만나면서 직조하는 문제의 지평은 바로 "경쟁"에 있다. 그리고 경쟁은 다시 수월성으로 변주를 거듭한다. 이것들은 또한 '신-자유주의'의 엄호를 받으면서 살아간다. 이때 '자유주의'의 지평은 이런 것이다. 여러분이 아래 해당 문장에 대한 문해력이 있을 것으로 판단하고 영문을 그대로 노출시킨다. "According to postmodernists, liberalism may promote a view of individuality as self-interests that leads to the exploitation of other people and the environment."[1] 여기에다 이전 것의 계승과 그것을

---

1   H. A. Ozmon & S. M. Craver, *Philosophical Foundations of Education* (8th ed.) (New Jersey: Pearson Merril Prentice Hall, 2008), p. 333.

• 신-자유주의
통제보다는 자율을 협력보다는 경쟁을 중시하는 교육사조

• 성과주의
교육에서 성과를 최우선으로 하는 입장

더욱 강조한다는 뜻의 "Neo-"를 붙이면 그대로 "Neo-liberalism", 곧 "*신-자유주의*"가 되는 것이다. 그런데 문제는 여기에서 파생된다. 저런 신-자유주의를 가지고 교육을 재단하다 보면 거기에는 필연적으로 그런 교육과 동행하는 것들이 있게 마련이다. 성과주의가 그것이다. *성과주의*란 무엇인가. 그것을 축약해서 말하면 이런 것이다. 남보다 앞서서 많은 성과를 내야한다는 강박증이고 그것이 절대 진리인 양 신봉하는 것이 성과주의이다. 그러니 이것은 필연적으로 남과의 경쟁을 유발한다. 성과주의는 동시에 "다방면에서 남보다 뛰어남", 즉 "수월함[수월성(excellence)]"을 우리들에게 은연중에 요구한다. 물론 성과는 교육에서 중요하다. 그러나 그것이 교조적으로 변질되어 나타나는 성과주의는 항상 경계의 대상인 것이다.

경쟁과 수월, 물론 맞는 말이다. 어찌 경쟁 없이 남보다 뛰어날 수 있겠는가. 요즈음 같이 무한 경쟁의 시대에 말이다. 그러나 그것을 잘 들여다보면, 이런 논급은 절반만 맞다. 이 말은 그것이 100%의 절대 진리가 아니라는 말이겠다. 즉 우리가 그것에 대하여 절대주의로 나아갈 때가 문제라는 말이다. 다시 말해 이것이 과도[over]할 때 항시 문제를 유발한다. 이를테면 '과잉-경쟁주의'가 '과잉-성과주의'라는 하나의 이데올로기로 미끄러질 수 있다. 우리가 지금 이 함정에 빠져 있다. 그래서 우리는 어서 이 과잉-경쟁이라는 저주의 마법에서 놓여나야 한다. 현재 다음과 같은 우스갯소리가 시중에 떠돈다. "1등만 기억하는 이 더러운 세상!" 이 말은 바로-지금, 우리 아이들이 '경쟁-승리'만을 강조하는 신-자유주의 패러다임의 희생양이 될 수도 있음을 알려준다. 신-자유주의가 심하게 나아가면 우리 아이들을 우승/열-패라는 이항대립의 이분법으로 구분해 놓고 우/열, 승/패에서 '/'라는 사선을 기준으로 좌측 '우-승'만 숭앙하고 '/'라는 사선을 기준으로 우측 '열-패'는 무시하는 것이 될 수 있다. 우-승/열-패의 이분법으로 엮어지는 자폐적 코드에 아이들이 갇

히게 되면, 그들 모두 행복하지 않게 된다. 1등은 그것을 유지하거나 그것을 남에게 빼앗길까봐 늘 불안해하고 나머지 아이들은 1등이 아니라서 늘 비참함을 느낄 수 있다. 이 세상은 누구나 다 1등할 수 없고 누구나 다 경쟁에서 수월성을 발휘하여 타자보다 더 뛰어난 사람이 될 수 없다. 이것은 절대 진리이다.

  이 대목에서 우리의 고민은 더욱 깊어진다. 지금 우리가 교육에서 '현재의 차압을 통한 미래의 담보'라는 허구적 신화를 아이들에게 주입하고 있는 것은 아닌지 반성해 볼 일이다. 고등학교 학생들에게 고등학교 교사들은 줄곧 이런 말을 입버릇처럼 한다. "지금 죽도록 공부 열심히 해라. 나중에 좋은 대학 가서 하고 싶은 것 실컷 하면 된단다." 아이들에게 '고등학교 시절[현재]'을 물리적으로 차압시키고 '대학 시절[미래]'의 희락을 담보하는 저런 대표적인 발언이 그것이다. 그러나 이것은 경우에 따라서는 허구적이다. 이것만 있는 것이 아니다. 대학생들에게도 이것이 똑같이 적용된다. 일부 대학 교수들은 대학생들에게 입버릇처럼 말한다. "여러분, 4년간 고강도로 공부하십시오. 그래야만 여러분의 미래가 보장됩니다." 정말 그럴까. 요즈음 같이 취직이 어려운 시대에 말이다. 이런 허구성을 깨는 다음과 같은 선(禪)의 <u>로고스</u>가 있다. 이것은 선에서의 시간관을 응축해서 일러준다. "과거는 이미 흘러갔고, 다가올 미래는 알 수 없으며, 오로지 현재 뿐이다." 이것을 선에서는 '절대적 현존[此處卽今性]'이라 부른다. "오늘이 전부다." 오늘이 전부인 바로-지금-현재[here-and-now-ness]! 우리는 모두 정말 행복한지 눈치게 물을 참이다.

• 로고스
핵심을 드러내는 명구로서의 말씀

<예화 8·2> 어느 초등학생과의 대담

다음 대화는 나와 초등학교 5학년 여자 아이와 주고받은 것이다. 이 아이는 현재 제주시 ○○초등학교에 다니고 있다. 이 대담의 줄거리는 아래와 같다.

문: 은주야, 너의 오늘 하루 생활을 대략 말해 주겠니?

답: 예-. 아침에 일어나서 아침 식사를 하고 오전 8시 20분경 등교했어요. 오전 내내 학교에서 공부하고 오후 1시 쯤 귀가했어요. 그 후에 집에서 컴퓨터와 영어 공부를 하다가 오후 2시 30분에 영어학원에 갔어요. 그 후 귀가한 다음에 영어 학습지를 풀고 잠시 컴퓨터로 채팅을 했어요. 그런 다음 오후 7시 30분에 저녁식사를 했어요. 그리고 조금 있다가 휴식을 취한 후 내일 예습을 한 후 밤 10시 30분 정도에 취침할 예정이에요.

문: 그래, 잘 들었다. 그러면 이제 다른 것 좀 물어보도록 하자. 혹시 학교에서 명상 같은 활동은 하고 있니?

답: 예-. 그런 활동은 없어요. 다만 음악시간에 눈을 감고 음악을 들은 다음 그 음악에 대하여 감상문을 쓰곤 해요.

문: 혹시 너는 살아가면서 잠시라도 너 자신에 대하여 진지하게 생각해 본 적은 있니?

답: 가끔 해요.

문: 주로 어떤 생각을 하니?

답: 주로 이런 생각을 해 본 적이 있어요. '나는 밥을 왜 먹을까?', '나는 왜 살까?' 하는 것들이요.

> 문: 그런 것 말고 다른 것은 없니? 이를테면, '나는 누구인가?',
>   '내 내면은 무엇일까?'라고 생각해 본 적 있니?
> 답: (머뭇거리며)침─묵.

위와 같은 〈예화 8·2〉를 제시하는 이유는 우리나라 아이들 '삶의 평균적 일상성(average everyday-ness of life)'을 압축적으로 보여주기 위한 것이다. 보통 아이들이라면 위 아이와 비슷한 생활을 하고 있을 것이라는 가정이다. 이 아이의 하루 생활은 학교에 가서 공부하고 집에서는 학습지 풀고 또 학원을 다니는 것이 주가 된다. 그런데 이 아이가 하는 저런 활동에서 얻게 되는 최종 결과물은 무엇일까? 이것을 대략 포획해 내면 그것은 각종 지식과 기능들일 것이다. 각종 과목의 공부를 하면서 지식을 쌓아가고, 컴퓨터와 영어를 하면서 컴퓨터와 영어에서의 지식 그리고 컴퓨터를 다루는 기능과 영어를 구사하는 각종 기능을 그 아이는 쌓아가게 될 것이다. 이런 것들은 이 아이가 장차 살아가는데 도움이 되는 것이다. 이것을 묶어서 우리는 '생존-지(知)'[2]라고 볼 수 있다. 그러나 우리는 이와 같은 생존지만으로는 살 수 없다. 내 삶을 실존론적으로 살찌우는 '존재-지(知)'[3]도 있어야 한다. 위 대화의 말미에 등장하는 '나는 왜 살까?' 그리고 '나는 누구인가?' 등에 대한 것들이 이것이다.

• 생존-지
생존을 위한 앎

• 존재-지
삶을 질화시키기 위한 앎

---

2 이때 '생존-지(知)'는 생존해 나아가는데 필요한 앎이다.
3 이때 '실존-지(知)'는 삶의 근원적인 의미가(意味價)를 추구하며 나의 삶을 더욱 질화시키는 앎이다.

이때 존재-지는 지식과 기능 같이 계속 축적하면서 이루어내는 것이 아니라 내 내면 속으로 내가 말을 걸어가면서 일구어내는 활동이다. 굳이 선적으로 표현해 보자면 나의 내면에 불필요하게 붙어사는 욕망의 찌꺼기를 비워냄으로써 내면을 오히려 채워나가는 존재의 영역이다. 이것을 불교식으로 표현하면 내 내면을 '텅빈 충만'으로 만들어내는 길이다. 따라서 존재-지의 영역은 생존-지 같이 더해감[+]으로써의 축적(蓄積)의 영역이 아니라 덜어냄[—]으로써 얻어지는 감손(減損)으로서의 비움의 길이다. 그런데 우리 삶은 어떠한가. 존재-지에 대한 배움은 적고 생존-지에 대한 배움이 주가 되는데 문제가 있다. 그리고 생존이 결국은 경쟁과 수월이라는 성과주의 코드와 직접 연결되어 있으면서 존재론적으로 우리 삶을 더욱 궁핍하게 만든다.

나는 배움[學]의 두 차원을 생존-지와 존재-지라는 두 가지 영역을 가지고 앎[知]의 서로 상이한 두 측면을 부각시켜 보았다. 이것을 좀 더 가공하여 다음과 같이 말해 두도록 하자. 우리가 여기서 보다 유의해서 보아야 할 대목은 두 가지가 〈① '생존-지 늑 지식 늑 채움'〉 그리고 〈② '존재-지 늑 지혜 늑 비움'〉으로 연결되는 속성을 가지고 있다는 점이겠다. 이것이 이른바 여기서는 ①이 활동적인 삶(vita activa)이요, ②가 관조적인 삶(vita contemplativa)을 뜻하는 것들이다.

■ 배움[學]의 두 차원: 채움의 물학과 비움의 심학
● 창으로서의 배움인 물학(物學) 차원: 내가 배울 세계에 대하여 마음 '밖[外]'으로 교섭을 걸어 나아가는 활동(to e-volute). 그럼으로써 그 대상적 세계가 머금고 있는 이치[物理]를 획득해 나가는 학습의 축으로 물학(物學)이 자리잡는다. 결국, 이 축은 배움의 주체로서의 자아와 배울 대상으로서의 내용과 세계 사이의 다리-잇기

로 줄기차게 나아가는 것이다.

- 거울로서의 배움인 심학(心學) 차원: 내가 마음 '안[內]'으로 포장된 마음 그 자체에 대하여 다가서는 활동(to in-volute). 그럼으로써 마음에 붙어사는 존재가 존재 세계의 현동(現動)을 창발시켜서 인간의 내적 순수 에너지[心氣]를 갱신하는 작업이 심학(心學)이다. 결국, 이 축은 존재가 자신 안으로 파고들어 가면서 자신의 존재-현동으로 가는 심기 순화의 기획이다.[4]

• 현동
마음속을 순수화시키는 활동

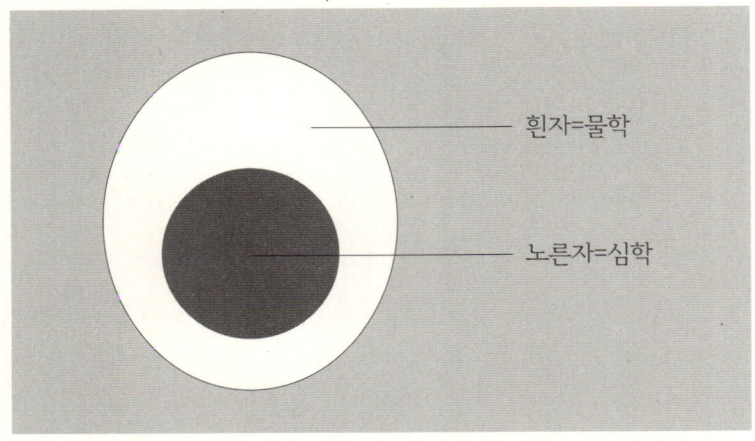

[그림 8·1] 계란의 비유

여러분은 생경한 용어의 등장으로 어리둥절할 것이다. 물학(物學)은 무엇이고, 심학(心學)은 또 무엇이란 말인가. 그래서 좀 더 풀어주어

---

[4] 서명석, 「전통심학으로 바라본 근대적 교수-학습의 한계」, 『비교교육연구』, 제10권 제2호, 2000, 76-77쪽.

야겠다. 물(物)이란 물상적 세계, 즉 내가 눈을 뜸으로써 만나게 되는 유형의 대상 세계이다. 우리가 학교에서 배우는 각종 과목들이 다 물상적 세계의 예들이다. 우리는 국어라는 물(物)을 통하여 국어의 세계를 만나고 영어라는 물(物)을 통하여 영어의 세계를 만난다. 따라서, 물(物)은 아이들이 학교에서 배우는 되는 각종 내용[物]으로 교육과정의 구현물인 셈이다. 그것을 배우는 것이 다름 아닌 물학(物學)이다. 위의 대화에서 등장하는 아이가 집과 학교 그리고 학원에서 하고 있는 공부가 온통 물학(物學)인 것이다. 반면 심학(心學)은 무엇인가. 아주 쉽게 말하여 이것을 '마음공부'라고 보면 틀림없다. 이것은 내가 눈을 감음으로써 만나는 세계이다. 이때 눈뜸[開眼]과 눈감음[閉眼]으로 가름하는 것은 마음을 기준점으로 했을 때 '마음의 안과 밖'이라는 상징적 기의만을 발산한다. 위의 대화에서 등장하는 아이는 실제 마음공부를 하고 있는 것일까. 위에서 읽은 대로 거의 하고 있지 않다. 이 대목이 바로 우리 제도교육이 가지고 있는 아킬레스건이다. 즉 우리교육은 지식 등과 같은 것을 축적해 가는 물학 활동은 잘 하고 있으나 지혜를 창출하는 다시 말하여 내 마음을 비워냄으로써 얻어내는 공능(功能)으로서의 심학 활동은 철저하게 누락되어 있다.

3. 심성정화법

선(禪)이란 무엇인가? 이렇게 물으면 우리는 매우 당황해한다. 그럴 필요가 하등 없다. 아주 쉽게 잘라 말하면 선은 동양적이면서도 불교적인 마음공부법이다. 그 전통으로 들어가 보자. 선은 참선으로서의 명상을 말하고 또 자기 자신의 참나[眞我]를 찾아가는 화두 공부를 말한다. 그 전에 우리는 선(禪)에서의 마음공부가 도대체 무엇인지 알고 있어야 한다.

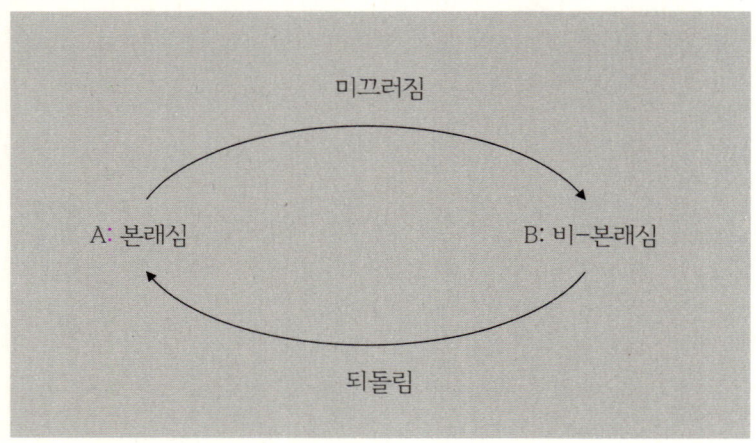

[그림 8·2] 선(禪)에서의 마음공부

선(禪)에서 공부한다는 것은 우리 마음이 본래 청정한 A의 상태, 즉 마음의 본래성의 상태를 유지하도록 하거나 우리 마음이 청정하지 않은 B의 상태, 즉 마음의 비-본래성의 상태를 다시 A라는 본래성의 상태로 되돌려내는 작업이다. 이것이 곧 마음공부로서의 명상 활동이다. 이것을 선(禪)에서는 '회광반조(廻光返照)'라고도 한다. 물론 이때 A와 B는 우리 마음이 보여줄 수 있는 같은 것의 다른 두 양상이다. 즉 A와 B는 한 마음에서 생겨날 수 있는 다른 두 얼굴인 셈이다.

• 명상
내면의 평화를 얻기 위한 정신적 운동

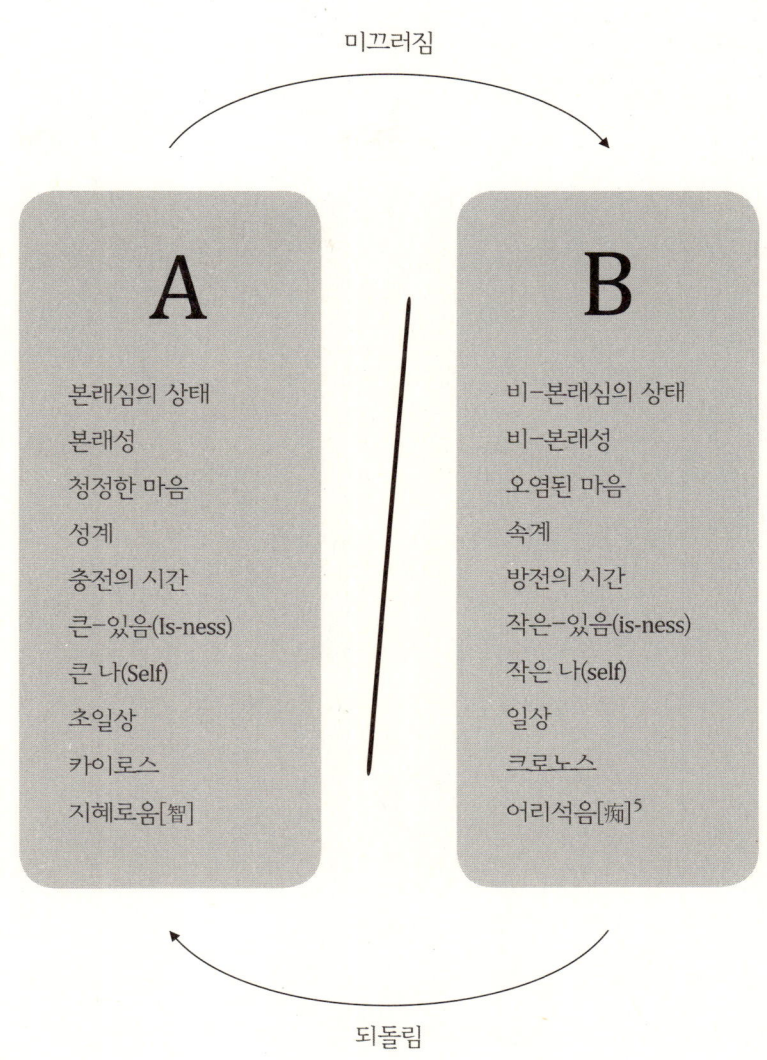

우리가 지금 몸도 아프고 마음도 아프다고 하자. 그럴 때 우리는 어떻게 해야 할까. 아래 〈문답 8·1〉에서 그 해답을 얻을 수 있다.

---

5 서명석, 「근대-종교-교육, 단절과 접속이라는 정체와 소통의 사이 연결」, 『종교교육학연구』, 제21집, 2005, 97-98쪽.

〈문답 8·1〉 질병에 따른 약성(藥性) 문답

문: 몸이 아프면 어떻게 해야 하나요?

답: 병원에 가서 진단과 처방을 받고 약국에서 약을 타먹으면 되지요.

문: 그럼, 마음에 병이 들면 어떻게 하면 되나요?

답: 그때도 약을 먹으면 되지요.

문: 어떤 약을 먹어야 하나요?

답: 그때는 '명상'이라는 약을 먹으면 된답니다.

우리는 몸이 아파도 약을 먹고 마음이 아파도 약을 먹는다. 둘 다 약을 먹는다. 그러나 약성(藥性)이 다른 약을 먹는다는 것이 큰 차이점이다. 이럴 때 몸의 약을 'medi-cine'이라고 하고, 마음의 약을 'medi-tation'이라 한다. 여기서 '메디-신'은 화학적 성분이고, '메디-테이션'은 정신적 성분이다. 둘 다 병을 고치기 위해 쓰이기 때문에 그 앞에 '치료'와 '치유'의 뜻인 접두사 'medi-'가 붙는다. 더 보강해서 말하자면, '메디-신'은 '외부에서 투여하는 화학 물질에 의한 치료(cure)'를 말하고, '메디-테이션'은 '어떤 약품에 의한 것이 아니라 자신 스스로의 내면적이고 정신적인 치유의 과정(heal)'을 말한다. 참고로 라틴어 어원에서 이 둘, 즉 'medi-cine'과 'medi-tation'은 같은 어원에서 파생되어 나온 것들이다.

그러나 명상을 혼자서 할 수도 있지만, 교육적으로 가공시켜 의도적이며 교육적인 심성정화[심성계발] 프로그램으로 만들어서 명상을 얼마든지 쓸 수 있다. 오른쪽 〈예화 8·3〉이 그런 것이다.

〈예화 8·3〉 명상활동 프로그램

초등학교 6학년 ○반 담임교사는 자신이 담당하고 있는 반에서 명상의 시간을 3개월째 운영하고 있다.

교사: 자, 오늘 명상시간입니다.

학생들: (이전에 해 온 것처럼 자리를 정돈하고 정갈하게 앉는다.)

교사: (미리 준비한 명상 음악을 틀어준다.)

학생들: (눈을 감고 고요히 명상의 세계에 빠져든다.)

교사: 여러분, 오늘도 마음 운동을 해보겠어요. 여러분의 지금 마음 상태를 잘 들여다보세요.

학생들: 침-묵

교사: 여러분 마음속에 들어 있는 모든 속된 것들, 예를 들어, 분노, 미움, 그리고 질투 … 을 하나씩 하나씩 내던져 보세요.

명상 음악이 고요히 흐르는 가운데 몇 분이 흘렀다.

교사: 지금 여러분 마음 상태가 어떻습니까?

학생들: 침-묵

교사: 여러분의 마음속에 들어 있었던 그 속된 모든 것들을 말끔히 버렸나요? 그러니까 지금은 어떤가요? 마음이 많이 정화되어 있는 것 같죠? 그럼 이제 속된 것들이 들어 있었던 그 자리는 다시 어떤 것들로 채워졌나요?

학생들: 침-묵

교사: 그 자리에 용서, 이해, 그리고 사랑 …으로 채워졌나요? 그리고 다시 몇 분이 흘렀다.

교사: 자, 이제 눈을 떠보세요.

> 그러자 학생들 모두 눈을 떴다.
> 교사: 누가 지금 여러분의 마음 상태가 어떤지 말해 볼까요?
> 학생1: 예, 지금 제 마음이 너무 평온해요. 그리고 한 친구가 나를 너무 괴롭혀서 그 아이에게 꼭 복수해주고 싶었는데 지금 그런 마음이 싹 가셨어요.
> 교사: 좋아요, 여러분. 잘했어요. 이것으로 오늘 명상시간을 마칩니다.[6]

이렇게 명상이란 내 영혼의 존재론적인 휴식함(ontological refresh-ment of my soul)이다. 이런 명상은 필수적으로 내 마음의 **무(無)-심(心)-화(化)**의 과정을 동반하게 되는데, 이것은 내 마음 속의 존재론적인 평수를 확장시키는 활동이다. 여기서 지금 비유적으로 처리한 내 마음 속의 존재론적인 평수는 내 마음 속에 상주하는 주인공으로서의 나[自我]의 크기를 뜻한다. 그런데 자아의 평수는 작은 사이즈가 있을 수도 있고, 자아의 평수가 큰 사이즈도 있을 수 있다. 사이즈가 작으면 '어리석은 나[小我·self]'가 되고, 사이즈가 크면 '참나[眞我·Self]'가 된다. 이것을 두고 월호는 '<u>그릇이론</u>'으로 설명한 바 있다.[7] 그 대강은 이런 것

• 무-심-화
인간이 안 좋은 욕망을 완전히 버려서 마음속을 깨끗이 비워두는 것

• 그릇이론
참나찾기 과정을 그릇모습의 변화로 설명한 이론

---

6 서명석, 「근대-종교-교육, 단절과 접속이라는 정체와 소통의 사이 연결」, 『종교교육학연구』, 제21집, 2005, 101쪽.
7 월호, 『휴식』(서울: 해들누리, 2002), 215-239쪽. 이때 '그릇'은 내 안에서 내가 사는 내 마음으로서의 '존재의 집'이다.

이다. 단지 명상이 마음을 정화시키는 것만으로 그치는 것이 아니라 내 마음 속에 살아 있는 내 존재성을 키워나가는 과정도 명상 안에 있다는 점이다. 이런 과정을 그는 이렇게 다섯 단계로 파악했다.

1 그릇 비우기
그릇[나만의 존재의 집]이 내 마음이라면 내 마음속에 들어차 있는 불순물을 버리는, 즉 그 그릇을 비우는 과정도 있을 수 있다.
2 그릇 채우기
그런 다음 비운 그 그릇에 새로운 내용물로 가득 담아내는 그릇 채우기도 있을 수 있겠다.
3 그릇 키우기
또 내 마음인 내 그릇을 나의 염원에 의하여 더욱 큰 그릇으로 만들 수도 있다.
4 그릇 부수기
그러나 새로 만든 그 그릇도 내 마음에 들지 않아 또 버릴 때가 있다.
5 그릇 만들기
이러한 과정을 거치다가 최종적으로 완성된 나만의 내 그릇[眞我·Self·true self]을 창조하게 된다.

이런 과정이 명상과정에 필연적으로 동반하는 것이다. 여기서 과제 하나를 던지겠다. "나는 누구인가(Who am I)?" 이 화두를 위의 그릇 이론에 대입시켜 각자 해결해 보라.
이와 같은 명상이 바로 선정의 다른 표현이다. 그럼 명상으로서의 선정의 효과는 무엇일까. 이것을 선에서는 '혜(慧)'라고 압축시킨다. 다시 반복하면 "선정의 효과는 지혜다." 따라서 선에서 선정으로서의 '정(定)'이 나오면 으레 거기에는 '혜(慧)'가 붙어 다닌다. 이른바 '정(定)—혜(慧)' 패러다임이 그것이다. 달리 말하면 이것은 '정(定)—혜(慧)' 이학(二學) 시스템이자 '정(定)—혜(慧)' 쌍수(雙修) 시스템이다. 또 다른 말이 하나 더 있다. '지(止)—관(觀)' 쌍축(雙軸) 패러다임이 그것이다. 여기서 '지(止)'는 '정신집중', '관(觀)'은 '지혜의 비춤'을 말한다. 또 덧붙이면 정혜에서 정은 선정이요, 혜는 지혜의 줄임말이다.

여기서 잠깐, '지혜 혜(慧)'자(字)에 대하여 파자(破字)로 이해해볼까 한다. 이것은 어디까지나 자원학(字源學)에 의한 것이다. 이 혜자(慧字)는 세 부분으로 구성되어 있다: ① 상단부분_ 빗자루 봉[丰] + 빗자루 봉[丰]. ② 중단부분_ 손모습 우[⺕]. ③ 하단부분_ 마음 심[心]. 그리고 상단부분과 중단 부분을 합쳐서 '빗자루 혜(彗)'라고 읽는다. 여기에다 마음심이 밑에 붙으면 '지혜 혜(慧)'의 글자가 완성된다. 그렇다면 이것이 주는 의미의 지평은 인간이 손에 빗자루를 들고 우리 마음속의 불순물을 쓸어내는 것인데, 이것을 '혜(慧)'로 보아도 좋다.

[그림 8·3] '지혜 혜'자의 파자

선정의 효과로 우리 마음속에 지혜가 출현한다. 이것이 핵심이다. 그러니까 이때의 지혜를 비유적으로 말해보면 다음과 같다. 선에서의 지혜란 내 마음이 정화된 결과로써 발생되는 일종의 존재의 꽃이다. 다시 말해서 불교식 지혜란 우리 마음이 고요하고 청정한 상태에 놓여 있을 때 우리 마음 안에서 발하는 우리 마음의 역능(力能)이다. 또한 선정이 명상의 다른 표현이지만 명상의 효과가 이것만 있는 것이 아니다. 신경의학에 따르면 명상 중에 우리 뇌에서는 우리 몸에 이로운 알파파와 감마파 등이 발생되며, 특히 세로토닌이라는 물질이 뇌에서 분비되는 것으로 알려졌다.[8] 'ST물질'이라고 하는 세로토닌(serotonin)은 인간이 행복감에 빠져 있을 때 뇌에서 분비하는 호르몬이다. 그리고 이것은 인간의 충동적 감정을 억제하는 뇌 속의 물질로도 알려져 있다. 그러니 "행복하지 않은 자들이여! 세로토닌하라. 행복을 가져오는 행복 호르몬의 분비와 촉진이 필요하거나 불필요한 충동을 억제하고자 할 때 어김없이 명상을 하라." 이렇게 선(禪)은 명상법을 통하여 나의 내면을 정화시킬 뿐만 아니라 화두법을 통하여 '어리석은 나[$self_1$]'를 '더 큰 나[$self_2$]'로 도약시키는 것이다. 이것이 지식중심의 제도교육에서 감히 범접하지 못하고 있는 불교식 지혜를 중시하는 교육의 독자적인 영역인 것이다. 현 제도교육에서는 이런 교육을 아이들에게 시키지 못하고 있다.

---

8   J. H. Austin, *Zen and the Brain: Toward an Understanding of Meditation and Consciousness* (Cambridge, Massachusetts: The MIT Press, 1998), pp. 84-85/205-208.

4. 지식과 지혜가 함께 하는 교육의 길

우리는 서두에서 거친 심성의 아이를 보았다. 하지만 너무 걱정하지 말라. 그러한 아이도 있지만 심성이 정말 고운 아이들도 얼마든지 주위에 있으니까 말이다. 그런데 우리교육은 지식중심의 과도한 경쟁에 노출되는 교육에 너무 골몰하는 나머지 아이들의 심성에 대하여 그것을 교육적으로 돌보는 장치에 너무 소홀했다. 아이들이 교사에게 막말과 쌍욕을 하고 심지어는 교사를 때리는 아이들의 이야기가 이제는 더 이상 놀라운 뉴스거리도 아니다. 하지만 아이들의 내면을 정화시키고 그들의 내면적 성숙을 도모하는, 이런 불교식 지혜도 교육에서 매우 중요하다. 그러니 이제는 이런 교육 방정식도 함께 고려해 보아야 한다. 아래 K는 물학(物學) 차원을 상징하고, W는 심학(心學) 차원을 상징한다.[9]

$$물(Water) = H_2O$$
$$교육(Education) = K_2W$$

물은 수소 분자 두 개와 산소 분자 한 개로 이루어졌다. 곧 "물 → 수소 : 산소 = 2 : 1" 그렇다면 교육도 그래야만 한다. 다시 말해서 교육

---

[9] 물학은 미국에서 수입해서 우리가 쓰고 있는 현행 교수-학습 패러다임을 말하고, 심학은 현재 교육에서 잊힌 동양 전통의 수양 패러다임을 말한다. 그런데 교육에서 가장 이상적인 모습은 물학과 심학이 함께 할 때이다. 그것은 <● 교육 = 물학 × 심학>으로 말이다. 이때 'x'는 물학과 심학 사이의 <균형과 조화>를 이루어내는 <미학적 융화>이다.

도 지식 분자 두 개와 지혜 분자 한 개가 되도록 해야 한다. 곧 "교육 → <지식 : 지혜 = 2 : 1>" 물론 이것은 상징적인 예시일 뿐이다. 불교식 지혜를 강조하는 교육이 0%인 요즈음 교육에서 현행 지식중심 교육과 불교식 지혜 사이의 황금비율을 모색해 보아야 할 때인 것이다. 이러한 때에 불교의 선학전통은 아이들을 위한 '심성 정화[계발] 프로그램'에 즉각적인 메시지를 준다. 거친 심성의 아이는 고운 심성의 아이로 고운 심성의 아이는 더 고운 심성의 아이로 자라날 수 있도록 배려해 주는 교육적 장치, 그 안에 선(禪)이 있다.

인간은 누구나 다 수월할 수 없는데, 모두 다 수월하도록 하이데거식으로 *집단-심문(Ge-stellen)*해 들어가는 우리교육의 경쟁구도가 문제이다. 교사가 자신의 마음에 들지 않는다고 참지 못하고 바로 막말과 쌍욕을 해대고 그것도 모자라서 교사에게 폭행을 일삼는 아이들이 많다. 이것이 현재 학교 현장의 다반사다. 우리가 요즈음 아이들의 심성이 너무나 거친 것을 일부 소수 아이들의 일탈행동만으로 보지 정녕 현행 교육 패러다임의 근본적인 문제임을 보지 못하는 '눈을 뜬 장님'이 되어서는 결코 안 된다.

우리 조상들은 정원에 연못을 낼 때 연못을 두 개 파는 혜안이 있었다. 담양 명옥헌(鳴玉軒)에 직접 가보라. 이 정원에는 두 개의 연못이 나란히 함께 있다. 그래서 이제는 우리에게도 연못을 두 개 파두는 교육적 안목이 있어야 한다. 하나는 지식의 연못, 다른 하나는 지혜의 연못 말이다. 『주역』<태괘·䷹>에 이런 괘상이 있다: "연못이 서로 붙어 있으니 태라고 한다[象曰 麗澤兌]." 이 경우에 '려(麗)'는 '고울 려'가 아니라 '함께 갈 이' 또는 '짝지어나갈 이'로서 '붙어 있다' 또는 '짝'이란 뜻이다. 물론 '택(澤)'은 여기서 '연못'이다. 그러므로 '이택(麗澤)'이란 연접해 있는 '두 연못이 서로 물길을 내어 서로를 윤택하게 한다'는 뜻이다.

• 집단-심문
이것은 하이데거의 용어로 주어진 성과나 목표를 향해 아이들을 거세게 몰아붙이는 행위

[그림 8·4] 지식과 지혜의 연결 모습

우리교육은 지식의 연못은 있는데 지혜의 연못이 없다. 그러니 지식과 지혜가 소통하도록 지혜의 연못을 하나 더 파놓는 혜안이 지금 필요하다. 이 말은 지식과 지혜가 조화하고 융합하여 이물합체(二物合體)라는 교육적 통합이 절실히 요청된다는 뜻이다. 지식과 지혜의 *이율대대(二律對待 · pair logic)*. 지식 ⇄ 지혜. 이때 ⇄는 양자가 양립하면서 서로가 서로를 상호 보완해주는 것을 말한다. 앎-중심의 생존-지(知) 그리고 삶-중심의 존재-지(知), 즉 채움과 비움의 상보적 결합으로서의 앎과 삶의 대대법(對待法). 즉 물학(物學)과 심학(心學)의 대대법(對待法)으로 말이다. 이때 대대법(對待法)이란 둘 사이의 '상호-보충-대리의-관계성(supplementarity)'이다. 그러니 이 둘을 대대(對待)시켜라! 기차도 두 길로 가고 새도 양 날개로 날아가는데 우리교육은 지혜라는 길을 버려두고 지식이라는 외길로만 더욱 치닫는다.

교육실천가들아, 아이들의 심성이 저렇게 망가지고 있는데 언제까지 손을 놓고 있으려 하는가. "신-자유주의"를 보물처럼 끌어안고서 말이다. 여러분은 아이들의 심성이 더 막장으로 내려가는 것을 마냥 두고 볼 요량인가. 그렇지 않다면 이와 같이 위대한 선학전통을 교육에서

• 이율대대
상반되는 두 측면이 서로가 서로를 대신해 주고 보충해 주는 방식

의 한 축으로 반영해 보아야 하리라. 그것을 '불교식 지혜'[10]를 중시하는 교육의 한 축으로 말이다. 빨리 지식과 지혜라는 두 갈래의 철길을 다시 내라. 그러면서 이런 절규에 귀를 기울여라! 신-자유주의가 엄호하는 지식 축적의 길은 경쟁을 우선시하기 때문에 우리 아이들을 극도로 긴장시킨다. 그래서 이완 장치가 필요하다. 즉 긴장과 이완의 적절한 균형 말이다. 고도로 아이들을 긴장으로만 몰고 가면 그들의 심성은 더욱 피폐해진다. 이것을 해결하는 무수한 길 중에 하나의 길이 여기 있다. 현행 교육제도가 아이들 마음의 긴장장치라면 이것을 보완하는 선학전통은 비움의 지혜 세계로 나아가게 하는 우리 아이들의 심성의 이완장치인 셈이다. 그 이완의 길에 선적 심성정화법이 굳건히 자리한다. 이렇게 불교의 전통에서 출발한 심성정화법인 명상법은 아이들의 분노와 충동을 조절해주고 그들의 심신을 안정시켜 줄 것이며, "나는 누구인가?"를 캐물어 들어가는 *화두법*은 아이들의 자아 성숙과 확장에 더욱 공헌하게 될 것이다. 아이들의 거친 심성의 예방과 치료의 한 전략으로 불교식의 이러한 방안을 더욱 교육적으로 숙고해야 하리라!

• 화두법
그릇이론의 적용을 통해 자신의 참나를 찾아가는 방법

---

10 이와 유사한 전통은 다른 종교에도 남아있지만 여기서 불교로만 한정했다.

9장

아이들에게 자신만의 창의성을 길러주라*

나는 창조한다, 그러므로 나는 존재한다!
Creo, ergo sum!

---

* 이 글은 「화이트헤드를 통한 창의성을 바라보는 관점의 확장: 심리학적 창의성을 넘어 철학적 창의성으로 나아가는 교육 정책 입안에의 함의」, 『한국교육』 제41권 제4호, 2014, 5-24쪽에 실려 있다.

1. 왜 창의성인가

창의성은 이 시대의 화두이며 시대적 요청이다. 그러므로 창의성의 강조는 교육에서도 예외일 수 없다. 현재 창의성은 교육 현장에서 학생이라면 누구나 갖추어야 할 능력이자 교사들에게는 반드시 그것을 육성시켜야 하는 무엇이다.

■ 널리 소개된 창의성의 정의 방식
- 어떤 산물—아이디어 또는 가공물—이 "새롭고" 그리고 "귀중한" 만큼 창의적인 것이 창의성이다.[1]
- 창의적이라는 용어는 사람도 창의적이어야 하고, 과정도 창의적이어야 하며, 결과도 창의적이어야 함을 말한다.[2]

그렇다 하더라도 창의성이란 과연 무엇인가? 또 창의성 교육이란 도대체 무엇이란 말인가? 더 나아가서 이를 교육에서 어떻게 다루어야 하는가? 이런 물음이 꼬리를 물고 나온다. 그러나 이것들에 대하여 속

---

1   A. Hajek, "Philosophical Heuristics and Philosophical Creativity," In E. S. Paul & S. B. Kaufman (Eds.), *The Philosophy of Creativity* (New York: Oxford University Press, 2014), p. 288.

2   E. S. Paul & S. B. Kaufman (Eds.), *The Philosophy of Creativity* (New York: Oxford University Press, 2014), p. 6.

시원한 해답을 바로 내놓기는 쉽지 않다. 그것은 이런 물음들이 너무나 중요하지만 이것들에 대한 답을 일거에 제시하는 것이 사실상 불가능하기 때문이다. Bohm은 창의성을 말로 정의하는 것은 불가능한 일이라고 했다.[3] 이런 주장은 두 가지 정도로 풀어볼 수 있다. 그 하나는 정의 그 자체의 어려움이다. 이것은 노자가 『도덕경』 제1장에서 말한 "도를 도라고 말하면 그것은 이미 도가 아니다[道可道非常道]"와 같은 맥락이다. 노자의 생각을 더 전개시켜 보자. 방금 노자가 말한 "도가도비상도(道可道非常道)"의 맥락은 이런 것이다. 지금 유통되는 도(道)는 영구불변하는 그런 도가 아니다. 여기서 도를 창의성으로 대체해 보자. 그러면 지금 유통되는 창의성은 영구불변하는 그런 창의성이 아니다. 왜냐하면 어떤 것을 창의성이라고 정의하는 순간 그 정의 안에 우리가 갇혀버릴 수 있기 때문이다. 다른 하나로 창의성을 정의할 수 없다는 것은 일종의 허무주의적 입장이다. 하지만 창의성에 대하여 정의하는 것이 불가능하다고 해서 창의성을 정의하는 일을 포기해서는 안 된다. 그렇게 되면 허무주의에 빠져서 창의성에 대한 학문적 논의는 더 이상 성사되지 않기 때문이다. 창의성은 무엇인가? 이것에 대한 정의는 존재한다. 그런데 이것은 오늘날 어느 한 쪽에 너무 치중되어 있다. 이른바 창의성에 대한 심리학적 접근이 그것이다. 실제 국회도서관의 검색 엔진을 실행시켜 본 결과 교육학에서 창의성에 대한 철학적 접근의 선행 연구물을 찾지 못했다. 이것은 그 동안 논의되어 왔던 창의성에 대한 연구물의 성과가 심리학적 접근에 집중되었다는 예증이다.

여기서 나는 그런 심리학적 접근의 창의성 연구가 현재 어디까지 와 있으며 그것이 가지고 있는 근원적 맹점을 철학적인 눈으로 비판할

---

[3] D. Bohm, *On Creativity* (London: Routledge, 2004), p. 1.

것이다. 그런 다음 철학적 창의성 개념을 화이트헤드식으로 제시한다. 그러나 이것만으로 끝나지는 않는다. 철학적 창의성 개념을 제안한 후 이를 교육 실제에서 어떻게 적용할 것인가도 제시해 볼 것이다. 철학적 창의성이 교육 현장에서 살아남기 위해서는 어떤 교육 방법과 연대하여야 하는가. 그러한 방법이 과연 있을까?

우리가 하나 조심할 것이 있다. 현재 학계나 교육 현장에서 '창의성 교육'을 즐겨 쓰고 있는데, 이것이 국제적으로 통용되는 전문 학술 용어인지 따져볼 필요가 있다. 국내 학계의 해당 연구물에서 열쇳말(key word)이 '창의성 교육'일 때 이를 영어로는 'creativity education'으로 쓰고 있다. 그런데 이 용어는 한국에서만 통용되는 국지적 표현이지 국제 학술 전문 용어가 아니라는 점이다.[4] 창의성 연구의 본산인 서구, 특히 미국 학자들이 왜 '창의성 교육'이란 표현을 쓰지 않을까를 고민해 보아야 한다. 이것에 대해서는 다음과 같은 유추가 가능하다. '창의성 교육'이라고 하면 교육 이외에 '창의성 교육'이 별도로 있을 것이라는 오해를 불러일으킬 수 있다. 그들이 '창의성 교육'이라고 쓰지 않는 이유는 분명 있을 것이다. 교육이란 본래 창의성을 길러내야 하는 활동이다. 교육 본연의 모습은 당연히 창의성을 육성해 내는 일임에도 불구하고 우리교육은 '어떤 현실적인 문제' 때문에 그렇게 하지 못하고 있다. 여기서 '어떤 현실적인 문제'란 교육에서 학생들의 창의성을 고려하지 않고 이루어지는 교육적 관행과 적폐를 포괄적으로 말한다. 그렇다면 그것은 우리교

---

[4] 더욱 궁금한 사람은 영문 구글로 가서 'creativity education'을 검색창에 넣고 돌려보라. 참고로 이를 취급하는 영어식 표현은 이런 것이다. 'fostering creativity', 'nurturing creativity', 'creativity in education' 등이 있다. 이것들을 아마존 검색창에 넣고 돌리면 관련 서적이 나타난다.

육 자체의 고질적 문제이지 교육 앞에다가 창의성을 덧붙여서 '창의성 교육'이라는 한국산 용어를 만든다고 해서 해결될 사안은 결코 아니다.

화이트헤드는 『과정과 실재(*Process and Reality*)』에서 사변 철학을 이렇게 정리한다: "사변 철학이란 우리 경험의 모든 요소를 해석해 낼 수 있는, 일반적 관념들의 정합적이고 논리적이며 필연적인 체계를 축조하려는 시도이다."[5] 나는 이 길을 따라가면서 심리학적 창의성 담론을 극복할 예정이다.

2. 심리학적 창의성 담론

아직도 창의성에 대하여 "공통적으로 수용된 정의"는 결코 없다![6]

*심리학적 창의성(psychological creativity)*이라는 용어는 조금 낯설 수도 있다. 원래 이 용어는 Boden이 『창의적 정신: 신화와 기제(*The Creative Mind: Myths and Mechanisms*)』에서 사용한 바 있다.[7] 여기서

• 심리학적 창의성
과학적 방법을 이용해 창의성을 설명하려는 것

---

5   A. N. Whitehead, *Process and Reality* (New York: The Free Press, 1978), p. 3. / 오영환 옮김, 『과정과 실재』(서울: 민음사, 2013), 51쪽.
6   T. Rickards & C. D. Cock, "Understanding organizational creativity: toward a multiparadigmatic approach," In M. A. Runco (Ed.), *The Creativity Research Handbook*, Vol. 2 (New York: Hampton Press, 2012), p. 7.
7   M. Boden, *The Creative Mind: Myths and Mechanisms* (2nd ed.) (London: Routledge, 2004), p. 2.

그는 역사적 창의성(H-creativity: Historical creativity)과 심리학적 창의성(P-creativity: Psychological creativity)을 비교해서 개념화한다. 이때 역사적 창의성은 전에 그 누구도 만든 적이 없는 산물을 만들어낸 것을 말하고, 심리학적 창의성은 개인이 만든 결과물이 그에게는 새롭고 특수한 것이라도 이미 전에 다른 사람에 의하여 만들어진 것을 말한다.[8] 그렇지만 여기서 나는 철학적 창의성과 대비해서 심리학적 창의성을 쓸 것이다. 주로 심리학자들이 주축이 되어 창의성을 연구하여 밝혀 놓은 연구 성과물에 기반을 둔 창의성 담론을 통칭하여 심리학적 창의성이라 부르겠다. 왜냐하면 이 분야의 창의성 담론은 미국심리학회 회장이었던 Guilford가 1950년 처음 제기하여 오늘날 창의성에 관한 연구 성과물이 많이 축적되어 왔기 때문이다.[9] 그리고 이 분야가 현재 창의성 담론의 주류를 이루고 있다고 볼 수 있다. 그러면 <u>담론</u>이란 무엇인가? 이를 푸코식으로 말해보자. 담론은 세 가지 중층 구조로 되어 있다. ① 언표들(statements)의 일반적인 영역, ② 언표들의 개별화가 가능한 무리, 그리고 ③ 일련의 언표들을 설명하는 구조화된 실제. 이때 언표란 최종적인, 분해가 불가능한, 그 자체로서 고립될 수 있는 그리고 그와 유사한 다른 요소들과 관계 맺을 수 있는 하나의 요인이다. 언표는 표면을 가지지 않는, 그러나 아마도 분할의 평면 위에서 그리고 분류의 특이한 형태

• 담론
당시대에 유통되는 이야기

---

8   A. Hajek, "Philosophical Heuristics and Philosophical Creativity," In E. S. Paul & S. B. Kaufman (Eds.), *The Philosophy of Creativity* (New York: Oxford University Press, 2014), p. 289.

9   R. K. Sawyer, *Explaining Creativity: The Science of Human Innovation* (2nd ed.) (New York: Oxford University Press, 2012), p. 16. / R. J. Sternberg & T. I. Lubart, "The Concept of Creativity: Prospects and Paradigms," In R. J. Sternberg (Ed.), *Handbook of Creativity* (Cambridge: Cambridge University Press, 2010), p. 3.

에 있어 지표화할 수 있는 점(點), 바로 그것 자체가 구성하고 있는 바의 직물의 표현 위에서 드러나는 알맹이로 담론(discourse)의 원자이다.[10] ①은 일반적인 영역이기 때문에 어떤 학문 분야로 치면 넓은 의미의 권역대를 말한다. 이를테면, 심리학 담론이라고 치고 ①의 관점에서 말하면 심리학 담론이란 심리학의 일반적 영역 표시를 말하는 것이겠다. 그것만으로 끝나는 것이 아니라 더 나아가서 담론이란 심리학이라는 한 영역을 개별화할 수 있도록 그 분야의 언표들을 다 모아놓은 무리, 즉 언표들의 집합(또는 언표군)이 있을 수 있다. 이것이 위의 ②이다. 다시 말하면 심리학을 유통시키기 위한(또는 심리학을 말하기 위한) 서술들 또는 표현들의 모음이 ②란 뜻이다. 이런 점 때문에 담론에 <당대-해당-분야에서-유통되는-이야기>라는 뜻도 있다. 더불어 한 담론은 그 담론만의 독자적인 이야기 방식이 있을 수 있다. 즉 한 담론 안에는 그 담론을 구성하는 언표들을 설명하기 위한 규칙화된 실천이 그 안에 녹아있다는 것이다. 이것이 ③에 대한 설명이다. 또한 언표들이 모여 담론을 만드는데 아주 쉽게 말해서 언표란 어느 분야[영역 또는 담론]에서 더 이상 쪼개지지 않는 원-자(a-tom) 알갱이로 보면 틀림없다. 이와 같은 담론에 대한 선-이해의 지평을 머리에 장착해 놓고 창의성 담론의 역사를 검토해 보자.

    그 전에 창의성 연구 분야가 어떻게 흘러왔는지 보도록 하자. 이것을 다음과 같은 세 단계의 물결로 요약할 수 있다.[11]

---

10 M. Foucault, *The Archaeology of Knowledge and the Discourse on Language* (New York: Vintage Books, 2010), p. 80. / 이정우 옮김(2014), 『지식의 고고학』(서울: 민음사, 2014), 118-119쪽.

11 R. K. Sawyer, *Explaining Creativity: The Science of Human Innovation* (2nd ed.) (New York: Oxford University Press, 2012), p. 4.

• 창의성 연구의 물결
▶제1의 물결
천재적인 사람들의 특성 연구
▶제2의 물결
인간의 인지능력으로서의 창의성 연구
▶제3의 물결
창의성을 조성하는 사회문화적 맥락 연구

- *제1의 물결*: 이것은 특출나게 창의적인 사람들이 어떤 인성적 특성을 가지고 있는가를 연구한 것으로 1950년대와 1960년대에 해당된다.
- *제2의 물결*: 이 시기는 1970년대와 1980년대에 해당되며 주로 인지 심리학에 기반을 두고 창의적 행동에 관여하는 두뇌의 정신적 과정에 대한 연구가 이 시기에 이루어졌다.
- *제3의 물결*: 1980년대와 1990년대를 변곡점으로 해서 연구의 중심축이 제2의 물결에서 제3의 물결인 창의성에 대한 사회문화적 접근으로 넘어가게 된다.

제1의 물결과 제2의 물결에서 연구의 관심이 개인에 집중되었다면, 제3의 물결에서는 개인에서 사회로 이동하여 사회 체제 안에서의 문화와 맥락에 따른 창의성을 연구한다. 즉 이러한 흐름은 전관적(全觀的·holistic) 접근의 형태를 취하게 되는데, 개인과 그 개인이 속한 집단, 집단의 문화, 그리고 집단 내의 조직 형태 사이에서 발생하는 복잡한 관계성을 창의성과 연관시켜 연구해내는 것이다.[12] 최근 창의성을 설명하면서 개인의 고립된 상태에서 만들어내는 개인 창의성 대신 집단에서 구성원들이 창조적으로 협력하여 만들어내는 집단 창의성을 강조하는 경향이 두드러진다.[13] 이를 종합해 보자. **1950년대에 본격적으로 시작된**

---

12 R. K. Sawyer, *ibid.*, p. 209.
13 D. Leonard, *Fostering Creativity* (Boston, Massachusetts: Harvard Business Press, 2010).

창의성에 대한 연구는 인성적 특성에 따른 창의성 연구에서 인지적 측면에 따른 창의성 연구로 다시 이제는 창의성을 사회문화적 관점에서 바라보는 연구로까지 확장된 셈이다.

그러나 창의성 연구 분야에서 교육과 관련해 가장 큰 영향력을 발휘한 것은 제2의 물결이다. 이점은 이 분야의 담론 지형도를 보면 알 수 있다. 이를 위해 푸코가 제안한 방식을 이용하여 해당 담론 구성에서 원자의 역할을 하는 언표들을 집합시켜 놓고 확인하는 방법을 취해보자. 심리학적 접근의 창의성 관련 언표-군(群): 인지 기능, 인지 과정, 인지적 산출, 발산적 사고, 창의성 지수, 창의성 측정, 창의적 사고력 검사, 창의적 문제 해결, 창의성에 영향을 미치는 인지적·정서적·환경적 요인, 창의성 개발 방법, 창의적 사고 과정 훈련, 창의성 향상 프로그램, …… 등.[14] 이렇게 뽑아놓은 언표들은 어떤 규칙을 갖고 제시된 것은 아니다. 그렇지만 이것들을 살펴보면 해당 담론의 지형을 대략 그릴 수 있다. 이 담론 구조 속에서 창의성은 사고력, 문제해결력 등과 같은 인지 기능과 거의 같다. 특히, 발산적 사고는 여기서 창의성의 대표적인 내용 영역이 된다. 창의성에 몇 가지 구인(構因·construct)이 있을 것이라는

• 푸코
푸코는 언표 이론을 통하여 담론을 설명할 수 있다고 본다. 즉 언표들의 구성 방식과 관계맺음을 보면 담론의 세계를 알 수 있는 것이 그의 입장이다. 즉 푸코에게는 언표의 놀이터가 담론인 셈이다.

---

14 A. J. Cropley, "Definitions of Creativity," In M. A. Runco & S. R. Pritzker (Eds.), *Encyclopedia of Creativity* (San Diego, California: Academic Press, 1999). pp. 511-524. / A. J. Cropley, *Creativity in Education & Learning* (London: RoutledgeFalmer, 2001). / D. Jr. Fasko, "Education and Creativity," *Creativity Research Journal*, Vol. 13(3/4), 2000/2001, pp. 317-327. / S. G. Isaksen, "Educational Implications of Creativity Research: an Updated Rationale for Creative Learning," In K. Gronhaug & G. Kaufmann (Eds.), *Innovation: A Cross-Disciplinary Perspectives* (London: Norwegian University Press, 1988), pp. 167-203. / R. J. Sternberg (Ed.), *Handbook of Creativity* (Cambridge: Cambridge University Press, 1999).

과학적 믿음은 창의성을 인간의 한 정신 능력으로 간주하고 지능 지수처럼 수치화하여 측정 및 검사하는 방법도 만들었다. 이것만으로 끝나는 것이 아니라 과학적 믿음은 창의적인 사고 기능을 향상시키기 위한 각종 훈련 프로그램을 개발하여 교육에 실제 그 프로그램을 적용하여 그 효과성을 검증하려고 하였다. 이러한 심리학적 창의성 담론이 그것의 지형 안에서 창의성에 영향을 주는 각종 인지적·정서적·환경적 요인을 검토하는 것은 당연한 귀결이다. 물론 이 담론은 창의성 연구에서 아직도 현재 진행형이다.[15] 그러니까 창의성에 대한 제2의 물결은 여전히 강성한 세력으로 남아 있다.

하지만 이러한 담론은 창의성을 지나치게 인지적 측면의 사고력으로 한정하는 실수를 저질렀다. 그리고 인간의 사고력과 문제 해결력을 중심으로 창의성 영역의 내용을 재단함으로써 그에 따른 방법론의 발달을 촉진시켰으나 이것이 도리어 창의성을 표준화하거나 동일화하는 우를 범했다. 이때 표준화와 동일화는 동일한 프로그램을 모두에게 실시하여 그 프로그램이 의도하는 바를 표준화해서 기르는 데는 성공한다 하더라도 그 프로그램에서 잡히지 않는 창의성의 또 다른 영역을 이 담론은 스스로 포기하는 *환원주의적 오류*의 가능성을 열어 놓는다. 그럼에도 이 담론의 가장 큰 공과는 교육에서 창의성과 관련하여 "내용-창의성(what-creativity)"과 "방법-창의성(how-creativity)"에 대한 가시적인 지침을 제공한 점이다. 즉 '창의성의 내용은 무엇인가?' 그리고 '그런 창의성의 내용을 교육 실제에서 어떻게 기를 것인가?'에 대한 적절한 답을 이 담론은 구체적으로 제시하고 있다는 것이다. 이것이 큰 강점이다. 그러나 이러한 담론은 아직도 우리들에게 "왜-창의성(why-creativity)"

• 환원주의적 오류
큰 것을 작은 것으로 단순화하면서 발생하는 오류

---

[15] R. K. Sawyer, *op. cit.*, p. 209.

이어야 하는가, 즉 창의성이 인간에게 "왜" 중요하고 교육에서 "왜" 창의성이 강조되어야 하는가에 대한 근원적 해답을 주지는 못한다.

3. 철학적 창의성의 지형도

"창의성"은 역사적으로 변화하는 정의들을 다루는 주제이다.[16]

철학적 창의성(philosophical creativity) 개념은 철학적 관점에서 창의성을 논의하겠다는 시도의 다른 표현이다. 심리학적 창의성 개념을 둘러싼 연구 성과물이 무수히 많다면 이 분야의 연구는 매우 일천하다.[17] 지금까지 확인된 이 분야의 성과물은 세 가지 정도였다. 이를 열거하면 다음과 같다.

⟨① Gaut의 '창의성의 철학'이라는 논문[18]⟩, ⟨② Hausman과 Anderson의 '창의성에 대한 철학적 접근'이라는 논문[19]⟩, ⟨③ Paul과

• 철학적 창의성
철학적 방법을 이용해 창의성을 설명하려는 것

---

16 L. Gamman & M. Raein, "Reviewing the Art of Crime: What, if anything, do criminals and artists/designers have in common?", In D. H. Cropley et al. (Eds.), *The Dark Side of Creativity* (Cambridge: Cambridge University Press, 2010), p. 155.

17 B. Gaut, "The Philosophy of Creativity," *Philosophy Compass*, Vol. 5(1), 2011, p. 1.

18 B. Gaut, *ibid.*, pp. 1-13.

19 C. R. Hausman & D. Anderson, "Philosophical Approaches to Creativity," In M. A. Runco (Ed.), *The Creativity Research Handbook*, Vol. 2 (New York: Hampton Press, 2012), pp. 79-94.

Kaufman이 엮은 『창의성의 철학(*The Philosophy of Creativity*)』이라는 책[20]>. ①은 그간 창의성에 대한 심리학적 접근의 연구 성과를 전체적으로 조감하면서 추후 창의성을 철학적으로 탐구해야 함을 제안하고 있다. ②는 창의성 개념을 철학적으로 어떻게 설명할 것인가[21]를 다룬 논문이다. ③은 창의성에 대하여 철학적으로 논의한 14편의 논문을 모아서 책으로 엮은 것이다. 이들 중에서 Hajek은 <철학적 발견법과 철학적 창의성>이라는 논문에서 철학적 창의성 개념을 처음 사용했다. 이 논문에서 그가 말하는 철학적 창의성이란 우리가 체스 놀이를 할 때 체스에 관한 기본 규칙들을 알고 있으면서 자유자재로 체스 놀이를 즐기는 것이다. 이런 창의적 놀이를 그는 철학적 발견법이라 부르고 이를 수학적 기법으로 논증해 내고 있다.

하지만 여기서 쓰는 철학적 창의성은 그런 개념이 결코 아니다. *화이트헤드*가 그의 유기체철학을 설명하는 주요 개념으로 "creativity"를 사용했다.[22] 이것이 이하 논의할 철학적 창의성이다. 즉 그것은 <철학적 창의성 → 화이트헤드의 creativity>인 것이다. 영어로는 같은 표현인 "creativity"를 두고도 심리학에서는 그것을 "창의성"이라 부르고 철학에서는 그것을 "창조성"이라 쓰는 것이 지금까지의 관례다. 그러나 나는 화이트헤드의 "creativity"를 "창조성"이라 하지 않고 "철학적 창의성"이라 부르겠다.

• 화이트헤드
영국 출신으로 수학자이자 철학자다. 그는 과정철학자로 유명하다.

---

20 E. S. Paul & S. B. Kaufman (Eds.), *The Philosophy of Creativity* (New York: Oxford University Press, 2014).

21 여기서 창의성을 설명하는 두 가지 방식, 즉 창의성은 목적론적으로 존재한다는 결정주의적 입장과 그렇지 않다는 비결정주의적 입장을 다룬다.

22 A. N. Whitehead, *Process and reality* (New York: The Free Press, 1978). / 오영환 옮김, 『과정과 실재』(서울: 민음사, 2013).

화이트헤드가 말하는 철학적 창의성을 이해하기 위해서는 그가 바라보는 세계 이해의 지평을 우선 선취해야 한다. 그는 그의 철학의 골수를 이루는 설명의 제1 범주에서 이런 말을 한다: "현실 세계는 과정이고, 과정은 현실적 존재의 생성이다."[23] 우리가 사는 세계, 즉 그것은 화이트헤드가 말하는 현실 세계이다. 그런데 그러한 현실 세계의 존재 방식은 유기체처럼 살아서 움직이는 과정에 터를 잡고 있다. 이런 과정에의 터-잡음이 '현실적 존재'[24]의 생성인 것이다. 이때 터-잡음도 표현은 명사지만 실제로는 과정에 편승되어 있기에 언제나 생성으로서 그때그때마다 동명사로서의 터-잡음이다. 화이트헤드가 설명의 제1 범주에서 말하고자 하는 핵심은 불변하는 주체 개념의 폐기에 있다.[25] 그러하기에 인간은 생성적 주체로서의 자리에 서 있게 된다. 생성적 주체로서의 인간이라고 말하면, 그것은 어디까지나 '존재론적인 원리'와 맞닿아 있다. 이런 점 때문에 화이트헤드의 철학을 존재론적 원리에 충실한 형이상학이라 불러도 좋다. "존재는 생성에 의해서 구성되고, 이것은 과정의 원리이다."[26] 이렇듯 화이트헤드의 철학은 *인지론*의 세계가 아니라 *존재론*의 세계에 입각점이 있다.[27] 이것이 우리가 특히 주목해야 할 지점이다. 심리학적 창의성 개념이 지나치게 인지론의 지평에 정거하고 있는 것과 달리 이것은 담론의 배치부터가 심리학적 창의성과 다르다. 이

• 인지론
과학적으로 인지과정을 탐구하는 분야

• 존재론
철학에서 실재, 즉 본질을 탐구하는 영역

---

23 *PR*, 22/86. 이때 *PR*은 『과정과 실재(*Process and Reality*)』의 약칭이고 '/'을 기준으로 22는 원서 쪽수를 말한다. '/'을 기준으로 86은 번역서의 쪽수를 말한다. 이하 모두 같다.
24 화이트헤드에게서 '현실적 존재(actual entity)'란 나를 포함한 이 세상의 모든 것을 뜻한다.
25 *PR*, 29/97.
26 *PR*, 23/87.
27 *PR*, 19/79.

점에 대하여 화이트헤드의 육성을 직접 경청해보자.

> 현실적 존재는 경험하고 있는 주체이며 동시에 그 경험의 자기초월체(superject)이기도 하다. 그것은 자기초월적 주체이며, 주체라는 술어는 …… 항상 자기초월적 주체의 생략형으로 해석되어야 한다. 유기체철학에서 영속하는 것은 실체가 아니라 형상이다. 형상은 변화하는 관계를 감수한다. 현실적 존재는 주체적으로는 끊임없이 소멸되지만 객체적으로는 불멸한다.[28]

• 자기초월체
이전의 나를 버리고 새로운 나로 생성해 가는 주체

이 말이 무슨 뜻인가? 나는 현실적 존재의 다른 표현이다. 그렇다면 현실적 존재인 나는 경험의 주체가 된다. 여기까지는 쉽다. 그런데 그 다음이 문제다. 화이트헤드는 주체를 *자기초월체*, 즉 자기초월적 주체로 상정한다. 이 말이 어려운데 이를 더 풀어보자. 화이트헤드는 인간을 생성하는 주체로 본다. 그러면 여기에 두 존재가 있을 수 있다. 이미 생성된 현실적 존재로서의 나 그리고 앞으로 생성될 현실적 존재로서의 나로 말이다. 이미 생성된 현실적 존재로서의 나가 앞으로 생성될 현실적 존재로서의 나로 나아가는 것, 그것이 화이트헤드에게 초월이다. 그런데 이 초월은 내가 스스로 주체적으로 만드는 것이다. 그렇기 때문에 이런 작용을 염두에 두고 화이트헤드가 자기초월적 주체, 즉 자기초월체라는 용어를 구사하는 것이다. 자기초월체 안에서는 나라고 하는 불

---

28 PR, 29/97-98.

변의 실체는 존재하지 않는다. 다만 끊임없이 소멸하고 생성하는 나만 있게 된다. 여기서 끊임없이 소멸하고 생성하는 나가 궁극적 형상으로서의 나이다. 이렇게 끊임없이 소멸하고 다시 생성하는 과정 위에 있는 형상으로서의 나만 불멸한다. 이것이 위에서 화이트헤드가 말하는 객체적 불멸성이다. 주체는 끊임없이 생성의 터 위에서 자기초월의 운동을 하지만, 그런 운동을 하는 주체는 하나의 객체로서 불멸한다.

이런 운동을 화이트헤드는 철학적 창의성으로 설명한다. 그 전에 철학적 창의성과 긴밀한 연관 관계에 놓여 있는 다자와 일자에 대해 알아보자. 화이트헤드는 철학적 창의성, 다자, 그리고 일자라는 세 가지 것을 궁극자의 범주로 파악한다. 이때 궁극자란 모든 존재의 역동적인 생성을 전제하는 유기체철학의 이론적 뼈대를 이루는 원리 중에 최고의 원리를 구성하는 인자를 말한다. 다시 말해서 궁극자[29]란 유기체철학, 즉 다른 말로 과정 철학의 구성 인자 중 담론 구성의 추기(樞機)에 해당된다. 따라서 화이트헤드의 철학적 창의성을 파악하는 관건은 무엇보다도 철학적 창의성, 다자, 일자라는 이 세 가지 궁극자 사이의 관계에 대한 입체적 조망에 있다.

1. 철학적 창의성(creativity), 다자(many), 일자(one)는 사물(thing), 있는 것(being), 존재(entity)와의 동의어라는 의미를 포함하는 궁극적인 개념이다.
2. 이 세 개의 개념은 궁극자의 범주를 완결 지음과 동시에, 보다 특수한 모든 범주의 전제가 되고 있다.

---

29 이때 궁극자란 철학적 창의성, 다자, 그리고 일자를 말한다.

③ 일자라는 용어는 복합적인 특수 개념인 정수 1을 의미하지 않는다. 그것은 부정관사 'a나 an', 정관사 'the', 지시사 'this나 that', 그리고 관계사 'which, what, how'의 밑바닥에 한결같이 깔려 있는 일반적인 관념을 나타낸다. 그것은 하나의 존재가 갖는 단일성을 나타낸다.

④ 다자라는 용어는 일자란 용어를 전제하며, 일자라는 용어는 다자라는 용어를 전제한다. 다자라는 용어는 '이접적 다양성(disjunctive diversity)'의 관념을 전달한다. 이 관념은 '있는 것'이라는 개념에서 본질적 요소이다. 다수의 '있는 것들(beings)'이 이접적인 다양성 속에 존재한다.

⑤ 철학적 창의성은 궁극적 사태를 특징짓는 보편자 중의 보편자이다. 그것은 이-접-적(dis-junctive-ly) 방식의 우주인 다자를, 연-접-적(con-junctive-ly) 방식의 우주인 일자의 현실적 계기를 만드는 궁극적 원리이다.

⑥ 다자가 복잡한 통일 속으로 들어간다는 것은 사물의 본성에 속한다.

⑦ 철학적 창의성은 새로움(novelty)의 원리이다. 현실적 계기는 그것이 다자들 안에서 통합을 시키는 어떤 존재가 아니라 새로운 존재이다. 따라서 철학적 창의성은 이접적인 방식의 우주인 다자의 내용에 새로움을 도입한다.

⑧ 창조적 나아감(creative advance)이란 철학적 창의성의 궁극적 원리가 그 철학적 창의성이 원초적으로 만들어내는 각각의 새로운 상황에 적응되는 것을 말한다.[30]

---

30 *PR*, 21/83-84.

이를 세밀하게 다시 읽어보자. ①을 등호로 다시 정리하면 이렇게 된다. 철학적 창의성(creativity) = 사물(thing), 다자(many) = 있는 것 (being), 일자(one) = 존재(entity). 이 세상의 모든 물(物)이 화이트헤드가 말하는 'thing'이다. 그런데 그 물(物)은 활동성이 전혀 없는 죽어있는 물(物)이 아니다. 그것은 생성하고 소멸하고 다시 생성하는 살아있는 유기물이다. 이런 점 때문에 인간도 하나의 물(物)에 속한다. 그런데 이 물(物)은 혼자서 고립되어 존재하는 것이 아니라 현실 세계에 둘러싸여 존재한다. 이때 현실 세계의 구성 요소는 하나가 아니라 다자의 방식으로 존재한다. 물(物)이 현실 세계의 이 다자를 이용하여 새로운 존재 방식인 일자를 창조한다. 그 순간 다시 창조된 일자는 과거의 일자로서의 현실적 존재를 버리고 새로운 현실적 존재가 된다. 이 순간 현실적 존재가 또 새로운 물(物)이 된다.

■ 다자와 일자의 연속적 스펙트럼

다$(多)_1$ → 일$(一)_1$ → 다$(多)_2$ → 일$(一)_2$ …… 다$(多)_n$ → 일$(一)_n$

이때 다(多)는 다자를 일(一)은 일자를 뜻한다.

이런 과정이 물(物)에게서 연속적으로 일어난다. 이런 것을 응축하고 있는 것이 ②의 내용이라고 보면 틀림없다. 생성의 연속적 과정에서 매번 출현하는 *일자*는 그러므로 존재론적인 완결성으로서의 하나 [一: oneness]를 말하지 숫자로서의 1은 아니다. 이런 내용이 ③이다. 다시 강조해서 말하지만 일자는 여기서 새로이 창조된 현실적 존재를 지칭한다. ④의 다자는 일자를 전제하고, 다시 일자는 다자를 전제한다

• 일자
생성과정에서 출현하는 어느 순간의 존재론적인 완결성

• 다자
일자가 생성적으로 나아갈 때 가지게 되는 무수한 일자들의 집합

는 뜻은 둘이 원인과 결과의 직선적 관계가 아니라 둘이 상호 의존적으로 존재한다는 뜻이다. 이를테면 그것은 이런 것이다: 〈다자에 의지해서 일자가 생기고[依多者而生一者], 일자에 의지해서 다자가 생겨난다[依一者而生多者].〉 그런데 *다자*는 언제나 이접적 다양성 위에 있다. 이 말이 무슨 뜻인가? 매 순간 현실적 존재를 감싸고 있는 현실 세계는 다자가 복수성을 띠면서 서로-떨어져서(dis-junctive), 즉 이(離)-접(接)해서 서로 다양하게 존재한다. 현실적 존재로서의 내가 지금 있다고 치자. 그러면 현실적 존재인 나를 나 이외의 다양한 것들이 다양성을 갖고 현실 세계를 구성하면서 그것들이 서로 분리해서 떨어져 있으면서도 현재의 나를 어떻게든 에워싸고 있다.

이제 5를 보자. 화이트헤드는 철학적 창의성을 궁극적 사태에서 보편자 중의 보편자로 본다. 그는 왜 이렇게 보는 것일까? 그 전에 궁극적 사태가 무엇인지 알아야 한다. 이것은 다른 것이 아니라 〈다(多)$_1$ → 일(一)$_1$ → 다(多)$_2$ → 일(一)$_2$ …… 다(多)$_n$ → 일(一)$_n$〉이 있을 때, 〈다(多)$_1$ → 일(一)$_1$〉, 〈다(多)$_2$ → 일(一)$_2$〉, 그리고 〈다(多)$_n$ → 일(一)$_n$〉에서처럼 다자에서 일자로 넘어가는 국면을 말한다. 다자에서 일자로 넘어가는 것은 생성 철학에서 보면 너무나 보편적 사실이지만 각각은 다자라는 보편자와 일자라는 보편자가 있기에 가능한 일이다. 그러면 무엇이 다자에서 일자로 넘어가게 하는가? 그것은 다름이 아니라 유기체 내에 철학적 창의성이 전제되어 있기 때문에 가능한 일이다. 이런 점 때문에 철학적 창의성을 보편자 중의 보편자라고 화이트헤드가 말하는 것이다. 화이트헤드도 누차 강조하듯이 다자에서 일자로 넘어가면서 유기체가 생성되는 것은 물(物)의 본성이다. 그런데 속성상 다자는 이-접-적(dis-junct-ive)으로 존재하고 일자는 연-접-적(con-junct-ive)으로 존재한다. 이것이 둘 사이의 존재론적인 차이다. 무수한 일자들이 모여 다자를 형성한다. 그런데, 여기서 일자는 다자[多]에서 다시 창조적

으로 생성된 새로운 일자[一]와는 다르다. 즉 일자[一]로서의 일자가 아니라 다자를 잘게 나누었을 때 무수한 일자가 생겨나는데 이때 복수-태로서의 무수한 일자 중에서 각각의 하나로서의 일자를 말한다. 이때 다자는 형식상 무수한 일자들의 집합이므로 존재 방식이 이-접-적이다. 그러나 다자라는 얼굴로 무수한 일자들이 모여 있다가 어떤 '현실적 계기'[31]를 통하여 그 다자[多]는 다시 하나의 일자[一]가 된다. 이런 상태에 있는 일자는 연-접-적이다. 이것이 무슨 뜻인가? 이를 비유를 통해 설명해보자. 작은 물방울들이 모여 큰 물방울이 된다. 이때 큰 물방울은 형태상 통합된 하나(unified one)다. 이런 통합된 하나의 존재 방식은 작은 물방울들이 연-접-적 상태로 놓여 있게 된다. 이것은 어디까지나 비유일 뿐이다. 물론 통합된 큰 물방울과 통합 이전의 작은 물방울들은 질적으로 전혀 다른 차원에 놓여 있게 된다. ⑥은 물(物)의 본성을 말하는 대목이다. 특히, ⑥에서 '복잡한 통일'은 원문의 'complex unity'인데 이것이 이른바 일자이다. 즉 ⑥을 아주 쉽게 말하면 "다자가 일자가 되는 것이 유기체의 본성이다"가 된다.

⑦을 보기 전에 ⑧을 먼저 보자. 이것은 다자에서 일자로 나아가는 것을 말한다. 즉 ⑧에서 말하는 창조적 나아감은 <다(多)$_1$ → 일(一)$_1$>, <다(多)$_2$ → 일(一)$_2$>, 그리고 <다(多)$_n$ → 일(一)$_n$>에서 각각의 "→"를 말하는 것이다. 이제 결론적으로 ⑦만 남았다. <다(多)$_1$ → 일(一)$_1$ → 다(多)$_2$ → 일(一)$_2$ …… 다(多)$_n$ → 일(一)$_n$>과 같은 일련의 과정은 새로움의 원리이다. 그렇게 해서 탄생한 일자는 매 궁극적 사태마다 당연히 새로운 현실적 존재로 우뚝 선다. 이런 내용이 ⑦이다.

---

31 이는 유기체의 새로운 생성의 순간을 말한다. 이런 점 때문에 '현실적 계기'가 '현실적 발현'으로도 번역된다.

• 철학적 창의성
유기체가 다자에서 새로운 일자를 만들어 내는 창조적 생성과정

철학적 창의성

다자 ⟶ 일자

이상의 내용을 종합해서 철학적 창의성을 정의해보자. ***철학적 창의성**이란 다른 것이 아니라 유기체인 물(物)이 다자에서 일자라는 새로움을 향한 창조적 나아감이다.* 이렇게 보면, 화이트헤드는 창의성을 인간에게서 일어나는 생성의 최전방이라고 존재론적으로 이야기하고 있는 셈이다. 따라서 새로운 사고 능력과 새로운 결과물의 생성 및 새로운 문제 해결력으로 바라보는 심리학적 창의성과 철학적 창의성은 그 의미 지평에서 너무나 다르다!

4. 철학적 창의성과 DI의 교육적 만남

모든 '있음'이 모든 '생성'을 위한 가능태라는 것은 모든 '있음'의 본성에 속한다.[32]

차이화-하는-것(differ-entiat-ion)은 각자 학생들의 수준과 속도에 따라 나아가도록 도와주는 것을 말한다.[33]

이제 철학적 창의성이 어떻게 교실 장면에서 어떤 수업 방법과 만나는지 보자. 이때 "어떤 수업 방법"은 미국에서 2010년 이후 급부상하고 있는 <u>DI(DI: Differentiated Instruction)</u>라는 수업 이론이다. 나는 여기서

• DI
학습자-개개인의-수준과-특성에-맞춘-수업

---

32 *PR*, 45/129.
33 J. F. Smutny & S. E. von Fremd, *Igniting Creativity in Gifted Learners, K-6: Strategies for Every Teacher* (London: Corwin Press, 2009), pp. 25-26.

철학적 창의성과 DI가 교실 수업을 통하여 어떻게 만나는지 궁구하고, 앞으로 교실 수업 방법으로서의 적용 가능성을 논구할 것이다.

　　이를 위해 다음과 같은 두 명제를 보자. 이하 두 명제는 화이트헤드의 형이상학적 가정 중에서 제일 중요한 첫 번째 가정을 명제의 방식으로 표현한 것이다. ● 명제1: "모든 존재는 '생성'을 위한 잠재력이 있다."[34] ● 명제2: "현실 세계는 각각 새로운 창조를 위한 '객관적 내용'이다."[35] 먼저, 명제1을 음미해 보도록 하자. "모든 존재가 '생성'을 위한 잠재력이 있다"고 말할 때, 잠재력[36]이 무엇을 말하는지 더 숙고해 보아야 한다. 이를 두고 화이트헤드는 다음과 같이 말한다.

> 가능성의 두 방식: 일반적 가능성[=일반적 가능태]과 실제적 가능성[=실제적 가능태] ① 일반적 가능태. 이는 영원한 객체의 다수성에 의해 제공되는, 서로 무모순적이거나 선택적 가능성들의 묶음이다. ② 실제적 가능태. 이는 현실 세계에 의하여 제공된 여건에 의해 제약되어 있다. ③ 일반적 가능태는 절대적이지만, 실제적 가능태는 그것에 의해 현실 세계가 한정되는 그런 입각점으로 간주되는 어떤 현실적 존재에 대하여 상대적이다. ④ 현실 세계란 표현은 '어제'라든지 '내일'이라든지 하는 것과 같이, 그 입각점에 따라서 의미가 달라진다는 것을 기억해 둘 필요가 있다. 현실 세계는 언제나 모든 현실적 존재의 공통체를 의미한다.[37]

34　*PR*, 65/167.
35　*PR*, 65/167.
36　물론 이때 잠재력은 가능성을 말한다. 이하 맥락에서 가능성이라고 쓰면 그것은 잠재력과 같은 것으로 보면 틀림없다.
37　*PR*, 65/167.

①을 볼 때, 영원한 객체가 무엇인지를 먼저 알아야 한다. 순수한 가능성으로만 남아 있을 뿐 현실적으로는 영원히 주체가 될 수 없는 것이 영원한 객체다. 굳이 영어 단어로 풀어 보자면, '영원한'을 뜻하는 'eternal'과 '객체'를 뜻하는 'object'의 결합어가 영원한 객체라면 그와 대조적으로 '일시적'을 뜻하는 'temporal'과 '주체'를 뜻하는 'subject'가 있을 수 있다. 즉, 영원한 객체 ⇔ 일시적 주체로 말이다. 여기서 ⇔는 대비를 뜻한다. 이때 일시적 주체가 화이트헤드가 말하는 현실적 존재다. 영원한 객체는 본질의 다른 이름이다. 이것은 아리스토텔레스의 형상 개념과 매우 닮았다. 그러나 영원한 객체가 딱히 형상은 아니다. 왜냐하면 아리스토텔레스같이 질료와 형상이라는 관계를 화이트헤드는 설정하지 않기 때문이다.[38] 하여간 영원한 객체에 의하여 제공되는 것이 일반적 가능성/가능태이다. 이때 /은 '~이자'를 뜻한다. 즉 가능성/가능태는 가능성'이자' 가능태라는 뜻이다. 이하 같다. 여기 열 명의 인간이 있다고 하자. 그러면 여기에는 영원한 객체가 열 개 존재할 수 있다. 이것이 이른바 영원한 객체들의 다수성(multiplicity of eternal objects)이다. 열 개의 영원한 객체들은 상호 간에 모순적이지도 않고 각각 선택할 수 있는 가능성들의 묶음[다발]이다. 이러한 점을 화이트헤드는 ① '일반적' 가능성/가능태('general' potentiality)이라 부른다. 반면에 ②는 '실제적' 가능성/가능태('real' potentiality)이다. 여기서 실제적이라는 말은 현실적이라는 뜻이다. 따라서 실제적 가능성/가능태는 현실적 가능성/가능태와 같으며 이것은 당연히 현실 세계가 제공하는 여건에 의해 제약된다. ①은 순수한 가능성/가능태이기 때문에 '일반적'[39]이다. 그것을 어떤

---

38 *PR*, 44/127-128.
39 여기서 '일반적'이라는 영문 표현이 'general'인데 이것은 보편적이라는 뜻이므로 영원한 객체들이 "보편적으로 다 그러하다"는 뜻이겠다.

점으로 말하면 거기에 보편적 지점에 있다는 뜻이다. 그래서 절대적이다. 이때 절대적이라는 말은 상대적인 비교 지점이 없이 보편적으로 어느 한 지점에 있다는 뜻이다. 가령 절대점이 100이라고 하면 누구나 100의 지점에 있다는 뜻이다. 그래서 절대적이라는 말이 성립된다. 이런 취지에서 1은 절대적이다. 그러나 실제 세계, 즉 현실 세계로 내려오면 2 실제적 가능태/가능성은 현실적 존재가 부여하는 상대적 지점에 따라 자리하게 된다. 그래서 상대적이라고 부르는 것이다. 즉 현실 세계가 현실적 존재를 만들고 그 자리는 현실적 여건에 따라 언제나 상대적이다. 이런 절대와 상대를 다루는 것이 3의 내용이다. 4는 현실 세계에서의 시간성을 말하는 것으로 시간에 따라 현실 세계가 달라진다는 것이다. 그리고 현실 세계는 현실적 존재를 둘러싸고 있는 동시간대의 공동체와 같은 개념이다.

그런데 우리에게 중요한 것은 1에 있지 않고 2에 있다. 왜냐하면 1은 우리가 어떻게 해볼 수 있는 영역이 아니기 때문이다. 우리가 교육적으로 개입할 수 있는 영역은 어디까지나 2이다. 이때 위의 명제 2를 다시 여기로 소환해 놓자. ● 명제2: "현실 세계는 각각 새로운 창조를 위한 '객관적 내용'이다."[40] 여기서의 객관적 내용이 다름 아닌 2의 세계다. 따라서 현실 세계를 우리가 어떻게 설계하고 조정하고 지원하느냐에 따라 2의 모습이 확연히 달라질 수 있다. 그 전에 2가 구체적으로 어떤 세계인지 확인해 보자.

---

[40] *PR*, 65/167.

> '합생(合生·concrescence)'이란 다수의 사물들로 구성된 우주가, 그 '다자'의 각 항(項)을 새로운 '일자'의 구조 속에서 결정적으로 종속시킴으로써 개체적 통일성을 획득하게 되는 그런 과정을 일컫는 말이다.[41] …… 합생의 사례는 '현실적 존재'—혹은 이에 상응하는 '현실적 계기'—라고 불린다.[42]

• 합생
일자라는 내가 다자를 이용하여 새로운 나로 만들어지는 것

합생, 이것은 화이트헤드가 주조한 철학적 개념이다. 이것은 또한 그의 철학적 창의성을 설명하는 핵심적 열쇳말이다. 나를 둘러싼 현실 세계로서의 다자를 이용하여 새로 생성하는 나인 일자를 만들어내는 창조적 활동, 이것이 이른바 합생이다. 줄여서 말하자면 합생은 존재의 새로운 생성이자 철학적 창의성의 다른 이름이다. 이런 합생의 사례는 이전의 현실적 존재를 버리고 또 다른 현실적 존재로 새롭게 태어나는 현실적 계기와 맞물려 있다. 이것이 위의 합생 인용문의 메시지다. 이 시점에서 질문을 하나 던져 보자. 우리가 학생들의 일자를 만드는 합생 과정에 직접 참여할 수 있을까? 그런 일은 애초 불가능하다. 왜냐하면 우리는 합생 당사자인 학생들이 아니기 때문이다. 다만 가능한 것은 합생의 전제 조건인 다자의 배열 방식에 어떻게든 우리가 참여하는 길을 모색하는 데 있다. 이를 이렇게 풀어서 다시 말할 수 있다. 다자를 품고 있는 현실 세계, 즉 실제적 가능성의 세계에 대한 '교육적 조성'[43]을 통해

---

41 *PR*, 211/424.
42 *PR*, 211/425.
43 이때 '교육적 조성'이란 합생 여건에 대한 다자 공동체의 능동적 조정을 말한다.

서 그 일이 가능하다. 그렇다면 학생들의 합생을 교육적으로 조절하고 관리하는 장치가 과연 있을까? 그것이 이른바 학습자-개개인의-수준과-특성에-맞춘-수업(DI: Differentiated Instruction)이다. 교실에 스무 명의 학생이 있으면 거기에는 스무 개의 차이성, 즉 스무 개의 다양성이 공존하고 있는 셈이다. 이런 가정을 교육적으로 고려하여 수업을 설계한 후 교사가 교실에서 실제 교육 활동을 해야 한다는 것이 DI의 기본 전제다.[44] 한 교실에 스무 명이 있으면 스무 개의 차이성이 공존하고 있는 바, 이에 따른 스무 가지의 DI 설계가 필요하다. 동일하고 표준화된 합생의 여건을 모든 학생들에게 제공하는 것이 아니라 학생 개개인이 가지고 있는 실제적 가능태에 따라 다양한 학습의 선택지를 열어 놓아라. 그렇게 되면 학생들은 자신만의 존재 생성의 기회를 제공받아 그들만의 새로운 존재 탄생의 길로 나아가리라. 이것이 21세기 교육의 진정한 방향이요, 차이성과 다양성을 극대화하여 창의적 인간(Homo creatio)을 양성하려는 현 시대의 요청과도 부합된다. 학생 수 만큼 그에 따른 방법을 DI 안에서 찾아 합생의 중재를 다변화하라!

　　이렇게 해서 철학적 창의성과 DI가 직접 만났다. DI는 하나의 철학으로서 철학적 창의성을 배양하는 토양을 형성하고 있다. 이런 점을 인지한 Gregory와 Chapman은 차이화-하는-것(differ-entiat-ion)은 단

---

[44] G. H. Gregory (Ed.), *Differentiated Instruction* (Thousand Oaks, California: Corwin, 2011), p. 88. / G. H. Gregory & C. Chapman, *Differentiated Instructional Strategies: One size doesn't fit all* (3rd ed.) (Thousand Oaks, California: Corwin, 2013), pp. 2-3. / C. A. Tomlinson & M. B. Imbeau, *Leading and Managing: A Differentiated Classroom* (Alexandria, Virginia: ASCD, 2010), p. 14.

순한 방법을 뛰어넘는 철학이어야 한다고 말한다.[45] "차이화-하는-것 (differ-entiat-ion)은 교육 실천가들이 교실에서 학습자들의 다양한 요구에 부응하기 위하여 전략적으로 계획을 세우도록 해주는 일종의 철학이다." 이런 철학을 한 마디로 표현하면 이런 것이 된다. "하나의 크기에다 모든 것을 맞추어서는 안 된다(One size doesn't fit all)!"[46] 학생의 체형에 따라 옷을 재단하여 입혀라. 이것을 어찌지 못하고 영어로 쓰자면 "Customized teaching and learning"이 된다. 이때 "Customized"가 "Differentiated"와 같은 뜻이 되며 우리말로 치면 "학습자-개개인의-수준과-특성에-맞춘"이라는 정도의 의미로 볼 수 있다. 여기서 "학습자-개개인의-수준과-특성에-맞춘"에 포함되는 구체적인 내용을 확인해 보자. "학습자-개개인의-수준과-특성에-맞춘"이라고 말할 때 여기에 포함될 내용: ① 정서(Affect) + ② 준비성(Readiness) + ③ 흥미(Interest) + ④ 학습 프로파일(Learning profile). 그리고 학습 프로파일 속에는 다음과 같은 하위 요소들이 또 포함된다. 학습 프로파일: ① 학습 양식(Learning style) + ② 선호하는 지능(Intelligence preference) + ③ 성(Gender) + ④ 문화(Culture).[47] 그러나 이렇게 제시해 놓은 것들이 다가 아니라 그 이상의 것들도 얼마든지 존재할 수 있다. 위의 것들은 어디까지나 그러한 것들 중에서 대표적인 것들만을 간추려서 제시해 놓은 것에 불과하다. 이를 토대로 해서 합생을 촉진하는 여건을 어떻게 조성할 것인가를 고민해서 결행하는 것은 교실에서 학생들을 가르치는 교사, 그들 자신의 몫이겠다.

45　G. H. Gregory & C. Chapman, *ibid.*, p. 2.
46　*ibid.*, p. 1.
47　C. A. Tomlinson & M. B. Imbeau, *op. cit.*, pp. 16-18.

5. 창의성을 바라보는 근원적 관점의 확장과 교사의 역할

창의성은 우리들 모두에게 있다. 만일 교육이 라틴어 어원인 "이끌어 낸다"를 뜻한다면, 학교의 일차적 과업은 모든 학생에게서 창의성을 이끌어내는 일이다.[48]

위와 같은 Fox의 제안에서 이제 한 걸음 더 나아간다. 이 나아감은 기존의 심리학적 창의성 담론에서 철학적 창의성 담론으로 패러다임의 포괄적 이동을 의미한다. 이것은 창의성을 바라보는 좁은 서술 방식에서 벗어나 더 큰 창의성의 시야로 확장되어 나아가야 한다는 것이다. 그럼으로써 창의성 담론의 전체를-바라보는-시야(synoptic vision)가 목하 필요하다. 이는 동일한 잣대로 동일한 방식의 창의성을 설명하려는 방식에서 벗어나 창의성을 다원적으로 설명하는 패러다임으로의 근원적 관점의 변경을 요구한다.

이제 *큰 창의성(big-c: big creativity)*의 시대에서 *작은 창의성(little-c: little creativity)*의 시대로 나아가야 한다. 큰 창의성이 천재적인 수준에서 소수자에 의하여 이루어냈던 것이라면 작은 창의성은 소소한 일상에서 개인의 존재사적 성장을 가져오는 것이다.[49] Boden식으

• 큰 창의성
천재가 이루어낸 성취

• 작은 창의성
일반인이 각자 이루어내는 작지만 의미있는 성취

---

48 M. Fox, *Creativity* (New York: Jeremy P. Tarcher/Penguin, 2004), p. 207.
49 D. K. Simonton, "Creative Wisdom: Similarities, Contrasts, Integration, and Application," In A. Craft, H. Gardner & G. Claxton (Eds.), *Creativity, Wisdom, and Trusteeship* (Thousand Oaks, California: Corwin Press, 2008), p. 74.

로 말하면 큰 창의성은 역사적 창의성에 작은 창의성은 심리학적 창의성 개념에 가깝다.[50] 하지만 작은 창의성은 인간의 존재론적 생성에 더욱 강조를 둔다는 점에서 Boden의 심리학적 창의성과 또 다르고 여기서 강조하는 철학적 창의성에 더 가깝다. 이러한 작은 창의성, 그것을 우리가 학교 현장에서 제대로 만들어 내고 있는지 진지한 성찰이 지금 필요하다.

> 학습이 기쁨, 경이, 환희의 느낌을 잃을 때, 그리고 학교에서 열심히 공부하도록 하는 유일한 동기인 경이감을 경쟁과 시험으로 바꾸어놓을 때, 교육은 실패하고 실패할 운명에 처하게 된다. …… 교육은 우리가 감히 상상하는 것보다 더 깊은 치유를 필요로 한다.[51]

오늘날 우리교육의 아킬레스건은 창의성이 교육과정과 수업에 통합되어 드러나지 않는다는 데 있다. 이런 난점에도 불구하고 현대교육의 교두보이자 거점은 여전히 창의성이다. 그래서 학교 현장이 변해야 한다. 그러나 이런 말은 너무나 선언적이어서 감흥이 일어나지 않는다. 그러면 어떻게 교실을 바꾸어야 하는가? 학생들을 *리좀* 속에서 놀게 하라. 그러면 그 안에서 저절로 창의성이 생겨난다. 다시 강조하는데 교실을 리좀-화하라! 이것이 이른바 교실 생태계의 리좀-화인 것이다. 앞으로 창의성 담론은 학생 개개인의 차이성을 극대화시키는 방식으로의 이

• 리좀
원래 땅 속의 뿌리 조직을 말한다. 이것이 철학적 메타포가 되어 통일적으로 위계화되지 않는 창조적이며 개방적인 조직 형태를 뜻한다.

50　M. Boden, *op. cit.*, p. 2.
51　M. Fox, *op. cit.*, p. 202.

행을 요구한다. 이런 방식은 기존 담론을 뛰어 넘어서야 가능한 세계다. 차이성에 기반한 작은 창의성이 전혀 지지받지 못하는 기존의 교육 방식을 뛰어넘어서 차이 속에서의 공존을 담보하는 방식으로 나아가는 것이 교실 리좀-화인 것이다. 이때 교실 리좀-화란 다른 것이 아니라 "*n-1*"의 사유 방식에 터한 교실 형태를 말한다. 리좀[52]은 원래 들뢰즈와 가타리가 창안한 것이다.[53] 그러니 리좀은 언제나 "n-1"이다. 이때 n은 숫자라는 개수를 말하지 않고 정해진 중심에서 하나 빼기의 사유를 말한다. 즉 획일적 중심에 대한 해체적 사유가 이른바 "n-1"이다. 교실에 스무 명이 있으면 거기에는 스무 가지의 창의성이 존재한다. 그렇다면 교육은 스무 가지의 창의성을 만들어주어야 한다. 각자 스스로 스무 개의 고원을 만들 수 있도록 그들의 다름을 인정하고 자신만의 리좀 안에서 몰입하도록 장려하라. 이것이 앞에서 논의한 DI의 교육적 맥락이다. 스무 명의 학생들은 각자 교실에서 노는 방식이 다르다. 그러므로 어느 하나의 획일한 방식으로 그들을 재단하는 것은 곤란하다. 교실에서 각자 자신의 노는 방식대로 놀도록 도와주어야 각자 창의성이 생겨난다. 하지만 그들이 교실에서 논다고 해서 자유방임적 놀이터가 교실이라는 뜻은 아니다. 여기서 논다는 것은 비유적인 뜻으로 어디까지나 "학습자-개개인의-수준과-특성에-맞게" 논다는 뜻이다. 이런 리좀 교실 놀이터의 제공자는 다름 아닌 교사다. 그러니 이렇게 하려면 앞으로 교실 혁명이 필

• n-1
기존의 획일성을 해체하는 방식

---

52 이 맥락에서 리좀(rhizome)이란 나무뿌리 같이 어디에 하나로 정해진 중심을 해체하고 각자 서 있는 자리가 중심이 되는 것을 말하고 각자 서 있는 그 자리도 또한 정해져 있지 않은 채 탈-중심적으로 존재하는 것을 말한다.

53 G. Deleuze & F. Guattari, *Mille Plateaux: Capitalisme et schizophrénie 2*, Les Éditions de Minuit, 1980/2001, p. 47. / 김재인 옮김, 『천개의 고원』(서울: 새물결, 2001).

요하다. 이런 곳의 상태가 어떤 모습인지 『주역』〈혁괘·䷰〉를 보자. 이 형상을 보니 아래 [그림 9·1]과 같이 연못[상괘: ☱] 한가운데에 불[하괘: ☲]이 피어오르고 있다. 그래서 혁이다.[54] 〈그 얼마나 버거운 '타오름'이냐? 혁명이란 본시 이와 같이 불리한 조건에서 타오르는 것이다. 물에 금방 파묻힐 수도 있는 불길이지만, 결국 그 불길이 연못 전체를 들끓게 하고 만다. 그것이 혁명이요, 혁신이다!〉[55]

[그림 9·1] 혁명의 불꽃이 타오르는 모습

• *유전 창의성*
타고난 창의성

• *환경 창의성*
길러진 창의성

• *자연 창의성*
스스로 즐기면서 만드는 창의성

창의성에는 세 가지가 있을 수 있다. 유전에 의하여 타고난 *유전 창의성*이 그 하나요, 환경에 의하여 길러진 *환경 창의성*이 그 둘이요, 타고난 창의성을 그 자체로 즐기는 *자연 창의성*이 그 셋이다. 그런데 유전 창의성은 우리가 어떻게 변경시킬 수 없다. 변경시킬 수 있다면 그것은

---

54 象曰 澤中有火 革
55 김용옥, 『도올의 교육입국론』(서울: 통나무, 2014), 48쪽.

환경 창의성과 자연 창의성이다. 화이트헤드가 주창하는 철학적 창의성은 환경 창의성과 자연 창의성과 만난다. 왜냐하면 환경 창의성은 화이트헤드의 합생이라는 개념과 바로 만나면서 합생 여건을 교사가 어떻게 만들 것인가가 매우 중요하기 때문이다. 이 중에서 으뜸의 창의성은 자신이 타고난 천성을 마음껏 뽐내며 즐기는 자연 창의성이다. 왜냐하면 이런 '자연 창의성'은 화이트헤드가 말하는 유기체의 존재 생성의 과정을 설명하는 논리 중에서 '다자가 일자가 되는 방식'이기 때문이다. 이런 자연 창의성의 상태에 있을 때 인간은 가장 창의적인 존재가 될 수 있다. 이런 점을 두고 공자도 이렇게 말한 바 있다: "아는 것은 좋아하는 것만 못하고, 좋아하는 것은 즐기는 것만 못하다."[56] 이런 자연 창의성의 상태는 교실이 리좀 생태계에 있을 때만 가능하다.

  그러면 자연 창의성을 학생들이 즐기도록 교사는 어떻게 해야 하는가. 이 말은 교사의 역할을 묻는 대목이다. 교사는 "두루 내린 비에 모두 싹이 트게 하는[普雨悉皆萌]" 존재다. 이것은 어디까지나 비유적 표현이다. 이를 보다 적실하게 비유해서 말하면 교사는 *시우(時雨)*[57] 작용을 하는 사람이어야 한다는 뜻이다. 제주어로 고사리 장마라는 말이 있다. 4월경 비가 내리면 고사리가 쑥쑥 올라온다. 이것이 고사리 장마 효과다. 교사도 역시 고사리 장마 효과를 내는 사람이다. 학생들에게 비를 뿌려라. 그런데 정해진 시간에 정해진 양을 동시에 뿌려서는 안 된다. 학생들 각자 그들의 상황에 맞게 교사가 비를 뿌려야 그럴 때 그것이 시우가 될 수 있다. 그때를 결정하는 것은 언제나 교사의 몫이다. 이런 때

• 시우
교사활동에 대한 비유로 아이들의 개인차에 따라 교사가 아이들을 맞춤 지도하는 활동

---

56 『논어』 「옹야」 知之者不如好之者 好之者不如樂之者
57 '시우(時雨)'란 때에 맞추어 내리는 비를 말한다. 그러니까 적기에 내리는 비가 바로 '시우'인 셈이다. 이것이 '단비'다.

를 보는 안목이 '신적 빛(Fiat lux)'[58]을 볼 수 있는 경지이고, 그런 안목을 소유한 교사 밑에서 배우는 학생들이야말로 각자 창의성이라는 찬란한 꽃을 피울 수 있다. 여러분은 이제 교실에서 철학적 창의성을 고려하여 단비[時雨]의 생산자와 제공자가 되어야 하리라!

---

58 이때 '신적 빛'이란 일반인들의 눈으로서는 도저히 보이지 않는 부분을 볼 수 있는 전문가의 경지를 말한다. 그렇기 때문에 그러한 신의 경지에 올라간 사람들이 그 경지에서 빛을 발한다는 뜻에서 '신적 빛'이라고 비유해서 표현한 것이다.

원문 텍스트

■ 홍익인간 텍스트

古記云 昔有桓國 庶子桓雄 數意天下 貪求人世 父知子意 下視三危太伯 可以弘益人間 乃授天符印三箇 遣往理之 雄率徒三千 降於太伯山頂 神壇樹下 謂之神市 是謂桓雄天王也 將風伯雨師雲師 而主穀主命主病主刑主善惡 凡主人間三百六十餘事 在世理化 時有一熊一虎同穴而居 常祈于神雄 願化爲人 時神遺靈艾一炷蒜二十枚曰 爾輩食之 不見日光百日 便得人形 熊虎得而食之 忌三七日 熊得女身 虎不能忌 而不得人身 熊女者無與爲婚 故每於壇樹下 呪願有孕 雄乃假化而婚之 孕生子 號曰壇君王儉─『三國遺事』「古朝鮮」

■ 구용법 텍스트

1. 足容重

   不輕擧也 若趨于尊長之前 則不可拘此

2. 手容恭

   手無慢弛 無事則當端拱 不妄動

3. 目容端

   定其眼睫 視瞻當正 不可流眄邪睇

4. 口容止

   非言語飮食之時 則口常不動

5. 聲容靜

   當整攝形氣 不可出噦咳等雜聲

6. 頭容直

   當正頭直身 不可傾回偏倚

7. 氣容肅

   當調和鼻息 不可使有聲氣

8. 立容德

   中立不倚 儼然有德之氣像

9. 色容莊

   顏色整齊 無怠慢之氣 —『擊蒙要訣』「持身章」

■ 구사법 텍스트

1. 視思明

   視無所蔽 則明無不見

2. 聽思聰

   聽無所壅 則聰無不聞

3. 色思溫

   容色和敍 無忿厲之氣

4. 貌思恭

   一身儀形 無不端莊

5. 言思忠

   一言之發 無不忠信

6. 事思敬

   一事之作 無不敬愼

7. 疑思問

   有疑于心 必就先覺審問 不知不措

8. 忿思難

   有忿必懲 以理自勝

9. 見得思義

   臨財必明義利之辨 合義然後取之―『擊蒙要訣』「持身章」

· 찾아보기

일러두기

1. ↔　　서로 대비된다는 뜻이다.

2. ☞　　지시 항목을 찾아가서 보라.

3. _　　세부 항목이다.

<예시>　창의성

　　　　_작은 창의성

　　　　_큰 창의성

4. =　　같은 의미로 쓴다.

가치론 164

가타리 222

감손 177 ↔ 축적

거대 담론 103, 110, 129, 166

건쾌 160

격몽 74, 77

격화소양 111

경험 47

계란의 비유 178

고고학 144

고봉 136

고사리 장마 224
　_고사리 장마 효과 224
고향 145
공부 27, 30, 71, 80, 120, 124, 129, 130
　_공부의 해석학 35
　_본래적 공부 28
　_비-본래적 공부 28
　_전통공부 50
　_마음공부 81
　_몸공부 76, 80, 81
공속성 80
공수법 85, 89, 94
　_공수법 자료 95
　_공수 자세 99
공자 105, 109, 112, 130, 132, 224
과정 64
관리와 통제의 대상 157 ☞ 칠정
관조적인 삶 177 ↔ 활동적인 삶
교과 31
　_교과공부 32, 50
　_교과목 43
　_교과 시스템 32
　_교과주의 47, 48, 49
　_교과학 43
교육과정 110
　_고등학교 교육목표 123-124
　_국가수준교육과정 121, 128
　_미국 초등교육과정 37 ☞ 한국 초등교육과정
　_중학교 교육목표 123
　_초등 교육과정 36
　_초등학교 교육목표 122
　_초중등교육과정담론 129
　_한국 초등교육과정 37 ☞ 미국 초등교육과정
　_현대교육과정 122, 141
교육 방정식 188
교육적 조성 217
구성적 사유 47
구용 성찰 일지 97
구인 202
구조 103
군자 112, 113
군자상달 112 ↔ 소인하달
권근 93
　_「대학도」
　_『입학도설』
귤화위지 20
그 길 159
그룬트 42 ☞ 근거
그릇이론 184
근거 43 ☞ 라치오, 로고스
　_근거 짓기 39, 41
근대 패러다임 166

근대 형이상학 39

근대주의 48 = 모더니즘

기능 125 ☞ K·S·A

기질병 140

노스텔지어 146

노자 196

　_『도덕경』 196

니체 142

다산 83

다양성 218

〈단군조선〉 17

단비 224, 225 = 시우

당체 124

대대법 190 = 이율대대

대인 114, 130, 132 ☞ 군자

대학 91

더 큰 나 187

데리다 48

데카르트 41, 42, 154, 165

도 117, 196

도공과 목수의 교육적 비유 60, 65

도덕 교육 이론 110 ☞ 수입이론

도산서원 19, 20

독사 48

동력인 51, 59 ☞ 4요인설

동양심학 21

동일성 39

되돌림 180, 181 ↔ 미끄러짐

뒤나미스 56, 57

들뢰즈 222

DI 설계 218

뜻세움 73, 75, 76 ☞ 율곡

라베쏭 79

라이프니츠 48

라치오 43, 44 = 로고스

레테 116

로고스 40, 43, 44, 149, 174 = 라치오

로지크 46 ☞ 근거

리기묘융 152

리좀 221, 222

　_리좀 상태 224

　_리좀-화 221, 222

리차드 프링 149

리처드 도킨스 82

　_문화적 유전자 82, 116, 130, 142

　_밈 82

리쾨르 144

마르크스 17

맹자 132, 160, 161

메디-신 182 ☞ 메디-테이션

메디-테이션 182 ☞ 메디-신

메타-마음 137 ☞ 경

메타포 62, 132

명상 169, 180, 184, 187

　_명상법 191

　_명상활동 프로그램 183

명옥헌 189

모더니즘 31 ☞ 포스트모더니즘

목적인 59 ☞ 4요인설

몽깨 74

무-심-화 184

문명 77 ↔ 문암

문암 77 ↔ 문명

문질빈빈 78, 93

물음 73

물학 129, 136, 141, 143, 144, 177, 179, 188 ↔ 심학

_물학 패러다임 129 = 교수-학습 패러다임

미국 교육학 21

미국의 교과 시스템 36

미끄러짐 180, 181 ↔ 되돌림

미쟝센 141

미학적 융화 144, 188

발달 64

배움 73, 111, 114, 125, 133, 141, 177

　_배움의 두 차원 177

법고창신 167

베-그룬-둥 41, 42

보존 대상 157 ☞ 사단/사덕

본래성 180, 181 ↔ 비-본래성

비괘 76

비-본래성 180, 181 ↔ 본래성

비빔밥 문화 30

비판 144

빌둥 77, 78, 98

빌트 78

사람됨의-질 132

사람됨의-질적-분포 112

사량좌 155

사사준야 108

사색적 전환 166

산수몽 74 ☞ 몽괘

상태의 달 113

상호-보충-대리의-관계성 190 ☞ 이율대대

새로움 209

생존-지 176 ↔ 존재-지

서구화 34

서브-젝트 41, 42, 43

선에서의 마음공부 180

선정의 효과 185, 187

성(誠) 35

성과주의 173

성리학 34, 91, 103

   _성리학 담론 103, 104

성스러운 배움 141 ↔ 세속적인 배움

성인 74, 75, 80 ☞ 성학

성인됨 80

성학 73, 80, 149, 130, 135, 155 ☞ 심학

   _대전제 132, 133

   _성인 132, 141

   _성학담론 132

   _성학 패러다임 133

   _성학 패러다임의 골격 133

   _소전제 132, 133

   _중전제 132, 133

   _SLM 패러다임 133, 134 ☞ 성학 패러다임

세로토닌 187

세속적인 배움 141 ↔ 성스러운 배움

소당연 160, 162, 163 ↔ 소이연

소명 82

소여 47

소이연 160, 162, 163 ↔ 소당연

소인 112, 113, 114, 130, 132 ↔ 군자

소인하달 112 ↔ 군자상달

소학 81

수비엑툼 42, 43 = 서브-젝트

수양 132, 152, 154

   _수양-지 114

   _수양 패러다임 16, 141, 144

수입담론 21

수입이론 110

습관 79, 101 ☞ 제2의 본성

시우 224 = 단비

신동엽 46

   _〈알맹이는 남고 껍데기는 가라〉 46

신-론 45, 46

신-자유주의 172, 173, 190, 191

신적 빛 225

실재 55

실천-지 114

실-체 18

심성정화 프로그램 182

심성정화법 179

심학 22, 91, 130 133, 136, 141, 143, 144, 178, 188 ↔ 물학

  _도심 133

  _도심인심설 133

  _심법 134

  _욕심 134

  _인심 133, 134

  _인욕 133, 134

  _치심 134

12지 152

싸이 22

아리스토텔레스 47, 53, 55, 56, 57, 59, 60, 62, 63, 64, 65, 66, 79, 215

  _4요인설 58, 59

  _아리스토텔레스의 4요인설 58, 60, 63

  _아리스토텔레스 철학 54

  _이성적 동물 47

  _질료-형상 가설 55

  _질료-형상 이론 58, 65 = 질료-형상 가설

아비투스 22, 94, 98, 99

아포리아 80

알인욕 156

약성 182

어리석은 나 184, 187 ↔ 참나

어리석음 181 ↔ 지혜로움

어진-사람 130

에네르게이아 57, 58

ST물질 187 = 세로토닌

에피메레이아 154

에피스테메 48, 103, 105, 115

엔텔레케이아 53, 56, 64 ☞ 아리스토텔레스

  _엔텔레케이아 마인드 51

  _엔텔레케이아 시스템 63

  _엔텔레케이아의 어원 분석 53

  _엔텔레케이아 이론 53, 67

예학 91, 92, 96

  _예법의 신체화 92 ☞ 예의 신체화

  _예의 규정 92

  _예의 신체화 91, 98

  _예의 작용 92

  _예의 효과 92

온몸 81

왜상 72

욕망 161

운동기능적 영역 128 = PD

원형리정 160, 161

월호 184

위기 34, 35 ☞ 위기지학

위기지학 29, 141

위인 34 ☞ 위인지학

위인지학 28, 141

유가의 심성학 136

   _거경 162, 167 ☞ 경공부

   _궁리 163, 167

   _기 136

   _도심 136 = 천리

   _리 136

   _리기 136

   _리-기 패러다임 152-153

   _마음공부 양상 164

   _본성 162, 163, 164

   _사단 133, 136

   _사단/사덕 157, 161

   _사단/사덕으로의 복귀 164 ☞ 성찰-궁리

   _사단/사덕의 유지 164 ☞ 존양-거경

   _사덕 133, 136

   _성 136, 159

   _성찰 138, 163

   _성찰-궁리 164

   _성찰법 139

   _솔성 152

   _수도 152

   _심 159

   _욕망 162, 163, 164

   _인심 136

   _인욕 136, 156

   _정 159

   _존양 137, 138, 162

   _존양-거경 164

   _존양법 139

   _천리 136, 156

   _칠정 136, 157

유가 패러다임 73

유교 112, 116, 132, 160 ☞ 유학

유정유일 137, 139, 140 ☞ 정일

유학 106, 152, 160 ☞ 유교

   _유학의 기본-틀 152

   _유학의 3대 강령 150

윤집궐중 ☞ 집중

윤화정 156

율곡 20, 32, 33, 34, 38, 72, 73, 75, 78, 79, 80, 82, 87, 91, 105, 111, 112

   _『격몽요결』 20, 72, 74, 87, 105

   _교기질 78

   _구사 72, 105

   _구사 텍스트 106

_구사법 109, 111, 114, 115

_구사법의 메카니즘 109

_구사법의 스펙트럼 107

_구용 72, 89, 105

_구용법 88, 98

_구용법의 신체 배치도 90

_구용 텍스트 88

_리통기국 75 ☞ 율곡철학

_몸공부 91

_율곡철학 75

_「지신장」 88, 105

응용 137

이데올로기 103

이성 47

이성-중심주의 31, 41, 166 ☞ 모더니즘

이용주 25

이율대대 190 = 대대법

이택 189

인(仁) 113, 114

인간발달 63

인격 112 ☞ 사람됨의-질적-분포

인도 160, 161 ↔ 천도

인문 76, 77

인문정신 76, 77

인식론 164

인식주체로서의 나 49

인욕병 140

인지론 206

인지적 영역 128 = CD

인-탈기빌리스 19 ↔ 탈기빌리스

입고출신 145

자기-배려-술 154 ☞ 푸코

자기성 144

자사 150

자생담론 22, 23 ↔ 지배담론

자운서원 19, 20

자유주의 172

잠재력 67, 214

잠재성 51

잠재태 56 ☞ 질료

전근대성 34

전통 81, 82

절대적 현존 174

정민정 155

정복심 130

_「심학도」 130, 131, 132

정서 219

정신의 눈 82

정의적 영역 128 = AD

정일 136

정자 155

정지운 150

   _〈천명신도〉 150, 151, 164

제1의 본성 79

제2의 본성 79

존재론 55, 164, 206

존재-론 40, 45, 46

존재론적 허약성 167

존재론적인 구원 67

존재론적인 질 73

존재론적인 타락 75 ↔ 존재자의 타락

존재-신-론 40, 46

존재의 화장술 77

존재자 39, 45

존재자의 타락 75 ↔ 존재론적인 타락

존재-지 114, 176 ↔ 생존-지

존천리 156

존체 137

주자 147

주체 41, 42, 43

   _주체 철학 39 ☞ 근대 형이상학

준비성 219

줄탁 82

중세성의 파르마콘 34

지배담론 22 ↔ 자생담론

지식 40, 125, 190 ☞ K·S·A

지식·기능·태도 36, 40, 45, 110, 111, 141 = K·S·A

지혜 112, 187, 190

지혜로움 181 ↔ 어리석음

진덕수 155

진행의 달 113

질료 56, 57, 58, 67

질료인 59 ☞ 4요인설

집중 136, 137

차이성 218

차이화하는-것 213, 218, 219 ☞ DI

참나 179, 184, 191 ↔ 어리석은 나

참선 179

창의성 195, 204, 220, 223

   _내용 창의성 203

   _방법 창의성 203

   _심리학적 창의성 198, 199, 206, 213, 221 ↔ 철학적 창의성

   _심리학적 창의성 담론 198

   _역사적 창의성 199, 221

   _왜-창의성 203

   _유전 창의성 223

   _자연 창의성 223, 224

_작은 창의성 220

_제1의 물결 201

_제2의 물결 201, 203

_제3의 물결 201

_창의성 연구 196

_창의성 연구의 물결 201

_창의성의 정의 방식 195

_큰 창의성 220, 221

_환경 창의성 223, 224

창의적 인간 218

창조적 나아감 209

천도 160 ↔ 인도

천도의 운행 방식 61

천명 152

천인합일 161

철학하는 인간 104

체용 137

최세진 114

　_『훈몽자회』

축적 177 ↔ 감손

카이로스 181 ↔ 크로노스

칸트 29

코기토 에르고 숨 41

크로노스 181 ↔ 카이로스

크리티케 144 ☞ 비판

큰 사람 130, 132 ☞ 어진-사람

탄기빌리스 19 ↔ 인-탈기빌리스

탈-주술화 143

탐구대상물 41

탐구의 대상 42 ☞ 탐구의 대상물

태도 125 ☞ K·S·A

택선 140

택선고집 139

텅빈 충만 177

태괘 189

텍스트 20, 28, 88, 105, 106

텔로스 54

퇴계 20, 94, 120, 121, 130, 134, 135, 136, 140, 145, 149, 162, 167

　_경 137, 139, 140, 153, 158, 164

　_경공부 157

　_경-공부-법 165

　_경-공부-법의 체계 164

_경의 의미 층위 155

_『성학십도』 20, 121, 132, 149

_「소학도」 94

_지경 사용 설명서 138

_지경 적용 매뉴얼 139

_지경법 132

_지경 133, 134, 138

_「천명도설」 136

_퇴계심학담론 129

파레시아 142, 143

파르마콘 34

파르헤지아 154

패러다임 31, 128

평행선의 패러독스 141, 142

포스트모더니즘 31

푸코 48, 103, 143, 154, 165, 202

_담론 49, 103, 199, 200

_담론의 원자 200

_『성의 역사』 154

_언표 199, 200

_언표군 200, 202 = 언표들의 집합

_언표들의 집합 200 = 언표군

_언표의 놀이터 202

_언표의 복수성 165

_언표 이론 202

_『주체의 해석학』 154, 165

하늘의 명령 152 = 천명

하늘의 사덕 161 ☞ 원형리정

하이데거 39, 45, 104, 189

_들-길 104

_집단-심문 189

하학상달 91

학문 72, 73, 74, 80

학습 프로파일 219

_문화 219

_선호하는 지능 219

_성 219

_학습 양식 219

학습자-개개인의-수준과-특성에-맞춘 219

학습자-개개인의-수준과-특성에-맞춘-수업 218 ☞ DI

한국교육철학 18, 22

_한국교육철학담론 21

해석학 35

해체 49

해체적 사유 222

행동거지 87

행복 66-67, 187

　_행복지수 65

　_행복추구권 66

허신 108, 113

　_『설문해자』 108, 113

헤르메스 35

혁고정신 116

혁패 223

혁명 223

현동 178

현대교육 32, 36, 73, 110, 121, 124, 128, 141, 142, 143

　_교수 110

　_교수-학습 42, 110, 128 ☞ 근대 패러다임

　_교수-학습 과정안 126, 127

　_교수-학습 패러다임 111, 166, 188

　_수업 128, 218

　_수업이론 213

　_학습 36, 40, 110, 111, 114, 124, 125, 141

　_현대교육 패러다임 44, 121, 166 ☞ 교수-학습 패러다임

현상학적 해석학 86

현실태 56 ☞ 형상

형상 56, 58, 67

형상인 59 ☞ 4요인설

형이상학 39, 55, 206

혜 186

호명 82

호모 필로소피쿠스 104 = 철학하는 인간

홍익인간 15, 17, 18, 21, 22, 23 ↔ 홍해인간

홍해인간 17

화두 185

화두법 187, 191

화이트헤드 198, 205, 206, 207, 208, 213, 214, 215, 217, 224

　_객체적 불멸성 208

　_궁극자 208

　_다자 208, 211

　_다자와 일자의 연속적 스펙트럼 210

　_복잡한 통일 212

　_사변철학 198

　_생성적 주체 206

　_실제적 가능성/가능태 215

　_실제적 가능태 214

　_연-접-적 211 ☞ 일자

　_영원한 객체 215 ↔ 일시적 주체

　_영원한 객체들의 다수성 215

　_유기체철학 205, 208

　_이-접-적 211 ☞ 다자

　_일반적 가능성/가능태 215

　_일반적 가능태 214

　_일시적 주체 215

　_일자 208, 210, 212

_자기초월적 주체 207 = 자기 초월체
　_자기초월체 207
　_창조성 205 ☞ 철학적 창의성
　_철학적 창의성 197, 204, 208, 211, 213, 217, 225
↔ 심리학적 창의성
　_초월 207
　_통합된 하나 212
　_합생 217, 224
　_현실 세계 206, 214
　_현실적 계기 212
　_현실적 발현 212
　_현실적 존재 206, 207
『환단고기』 17, 18
환원주의적 오류 203
활동적인 삶 177 ↔ 관조적인 삶
황금비율 189
회광반조 180
후설 25
흥미 219
희망가 22

Bohm 196
CD 128
Chapman 218
DI 213, 214, 218, 222
Fox 220
Gaut 204
Gregory 218
Guilford 199
Hajek 205
Hausman 204
K·S·A 22, 36, 37, 41, 44, 45, 47, 111, 126, 127
Kaufman 205
n-1 222
Paul 204
PD 128

AD 128

Anderson 204

Boden 198